Matthias Karutz
Gemeinschaften gestalten – aber wie?

Matthias Karutz

Gemeinschaften gestalten – aber wie?

*Anregungen aus der Praxis
einer Waldorfschule*

*Mit einem Geleitwort
von Stefan Leber*

Verlag Freies Geistesleben

Über den Autor:

Matthias Karutz, geboren 1928 in Lübeck, besuchte die Freie Waldorfschule in Stuttgart und Dresden bis zur Schließung der Schule. Nach dem Abitur am Gymnasium in Dresden und der Einberufung studierte er Jura und Volkswirtschaft in Marburg. Er brach das Studium ab, um eine Lehre als Kartonagenmacher und anschließend ein Studium der Papiertechnik in München zu absolvieren. Nach seiner Tätigkeit als Betriebsingenieur und Betriebsleiter wechselte er 1959 als Oberstufenlehrer zur Freien Waldorfschule am Kräherwald. Dort unterrichtete er bis 1990 Technologie, Mathematik und Physik.

ISBN 3-7725-1623-8

1. Auflage 1998

Verlag Freies Geistesleben
Landhausstraße 82, 70190 Stuttgart
Internet: www.geistesleben.com

© Verlag Freies Geistesleben & Urachhaus GmbH, Stuttgart 1998
Einbandgestaltung: Walter Schneider
Druck: WB Druck, Rieden

Inhalt

Geleitwort *von Stefan Leber* 7

Einleitung 9

Die Bereiche des gesellschaftlichen Lebens:
Wirtschaft, Staat, Kultur 13

Die unterschiedlichen Gesetzmäßigkeiten der drei Bereiche
des sozialen Organismus 20

Das Ineinandergreifen der drei Bereiche
des sozialen Organismus 29

Die Form der Selbstverwaltung der
Freien Waldorfschule am Kräherwald, Stuttgart 40

Der Entscheidungsprozess in der Lehrerkonferenz 54

Ein Blick auf das Wirtschaftsleben 67

Gedanken zum Rechtsleben 76

Mitarbeit der Eltern in einer freien Schule 88

Sozialer und natürlicher Organismus –
und wie sie sich entsprechen 93

Ein Nachtrag zu den Assoziationen 97

Bibliographie 100

Geleitwort

Matthias Karutz, langjähriger und verdienstvoller Kollege an der
Freien Waldorfschule Stuttgart Kräherwald, hat sich nicht nur jahr-
zehntelang mit Fragen der Technologie und Lebenskunde beschäftigt, sondern auch engagiert an Selbstverwaltung und Sozialgestalt
seiner Schule mitgewirkt. Aus diesem Engagement ist die vorliegende Schrift erwachsen. Die gedankliche Durchdringung der Idee der
Dreigliederung des sozialen Organismus, für die Rudolf Steiner im
Jahr 1919 in Württemberg wirkte mit dem Ziel, das geistige Leben
dadurch zu befreien und anzuregen, dass Schulen und Hochschulen
ihre Angelegenheiten selbst verwalten, bewegt auch M. Karutz. Er
hat dabei eine Fähigkeit entwickelt, diese Überlegungen einprägsam
und am konkreten Beispiel einer Schule lebendig darzustellen. Diese
Gedanken trug er in einem Elternkreis seiner Schule vor und stieß
dort auf große Resonanz. Dies veranlasste ihn, in einer kleinen
Schrift sowohl die Ideen der Dreigliederung als auch die Gedanken,
die der Schule am Kräherwald zugrundeliegen, darzustellen.

Selbstverwaltung kann in recht verschiedenen Formen praktiziert
werden. Eine Schule, die drei gesellschaftliche Funktionskreise ab-
spiegeln will nach Rechts-, Wirtschafts- und geistigem Leben, benö-
tigt Organe oder Konferenzen, die funktionsgerecht entsprechende
Aufgaben erfüllen. Gerade diese Ausformung ist – sicher zu Recht –
an den Waldorfschulen sehr vielfältig verwirklicht. Im vorgelegten
Beispiel erfährt man eine sehr konsequente Ausgestaltung. Dieses
Beispiel kann für Gemeinschaften, die ihre Form suchen, hilf- und
lehrreich sein.

Wir wünschen der Schrift eine weite Verbreitung und anregende
Wirkung!

Stefan Leber

Einleitung

In erfreulichem Umfang sind in den zurückliegenden Jahren viele neue Initiativen entstanden, auf den verschiedensten Gebieten des geistigen und sozialen Lebens. Wo es sich bei den Gründern oder Trägern um Menschengruppen handelt, tritt früher oder später die Frage nach dem Gemeinschaftsleben und seinen Formen auf. In vielen Fällen sehen sich die Menschen in diesen Initiativen dann mit Problemen konfrontiert, die über kleinere Reibereien hinausgehen und grundsätzlicher Natur sind: Wie sollen wir unsere Gemeinschaft gestalten? Wie fassen wir gemeinsam Entschlüsse? Wie tragen wir gemeinsam Verantwortung?

Es hat sich gezeigt, dass man in vielen neueren Initiativen in bezug auf die Gemeinschaftsbildung recht unbekümmert zu Werke gegangen ist. Alt hergebrachte hierarchische Strukturen wurden als überholt abgelehnt, um einen Ersatz für sie aber kümmerte man sich nicht.

Nun kann man aber nicht erwarten, dass eine Gemeinschaft ohne ein irgendwie geartetes inneres Gerüst, ohne Struktur auskommen könne. Wird die hierarchische Ordnung über Bord geworfen, muss man ein anderes Ordnungssystem aufbauen, das der Gemeinschaft eine innere Festigkeit gibt.

Dabei gibt es Gesetzmäßigkeiten. Verstößt man gegen sie, rächt sich das. Um im Einklang mit diesen Gesetzen zu handeln, muss man sie aber kennen. Man sollte sich daher mit den Gedanken der «Dreigliederung des sozialen Organismus» von Rudolf Steiner befassen.

«Mit Dreigliederung kann ich mich unmöglich auch noch befassen...», hört man oft. Die gesamte Energie richtet sich auf die Arbeit der Institution, der man dient und die man mitträgt. Das füllt gewöhnlich alle völlig aus, hinterlässt womöglich sogar die Empfindung, stets nur das Nötigste vom Wichtigen zu bewältigen.

Das ist deshalb so schade, weil in der «Dreigliederung» die Schlüssel dafür liegen, wie man neue Strukturen bilden kann, und die braucht eben jede Gemeinschaft. Was zunächst vielleicht sehr theoretisch aussieht, kann nach einiger Zeit sehr praktisch sein. Es kann nicht nur Arbeitskraft und Arbeitszeit sparen helfen, sondern es kann die Produktivität jedes Gemeinschaftsmitgliedes neu beleben und so zu einer zentralen Kraftquelle werden.

Im Mittelpunkt der folgenden Ausführungen steht die Darstellung der Struktur einer Freien Waldorfschule. Diese Darstellung ist eingebettet in eine knappe Skizzierung der Grundgedanken der «Dreigliederung». So kann sowohl eine allgemeinere Orientierung gewonnen werden als auch an einem Beispiel, das sich immerhin seit 28 Jahren als lebensfähig erwiesen hat, eine spezielle Ausgestaltung studiert werden.

Wenn es sich hier auch um den speziellen Fall einer Schule handelt, hat er doch allgemeinere Bedeutung deshalb, weil die Gesetzmäßigkeiten für kollegial arbeitende Gemeinschaften überall dieselben sind. So können auch für ganz andere Initiativen – nicht nur für Schulen – die Darlegungen eine Anregung sein beim Ausgestalten der eigenen Gemeinschaft.

Jede Gemeinschaft hat, bildlich gesprochen, einen belebten Leib und eine durchgeistigte Seele.

Wie im Menschen die geistig-seelischen Intentionen die Impulse für das Leben des Leibes geben, so ist es auch im Überpersönlichen von zusammenarbeitenden Menschen. Einer Aufgabe, eines Zieles wegen haben sie sich verbunden.

Das Seelisch-Geistige des Einzelnen ist einerseits ganz individuell, andererseits bringt es objektive Gesetzmäßigkeiten zur Erscheinung. Das gleiche gilt für die Gemeinschaft. Lernt man sie kennen, kann man ihr individuelles Wesen beschreiben, meist über einen langen Zeitraum hin, auch wenn Menschen ausscheiden, andere hinzukommen.

Dieses Wesen braucht einen Leib, ein «Instrument», um wirken zu können. Auch er hat eine ganz individuelle Gestalt, von pulsierendem Leben erfüllt. Auch er unterliegt bei aller individuellen Ausprägung objektiven Bildungsgesetzen. Welcher Art sind sie?

Unsere Menschengestalt ist ein Gottesgeschenk – die Gestalt einer Gemeinschaft müssen wir selbst erbilden. Diese Aufgabe können wir nur dann annähernd lösen, wenn wir uns deren Bildungsgesetze bewusst machen. Dazu hat uns Rudolf Steiner durch seinen umfassenden Geistentwurf der Dreigliederung des sozialen Organismus verholfen. Was da für das gesamt-menschheitliche Zusammenleben dargestellt ist, gilt – natürlich in abgewandelter Form – auch für kleinere Menschengemeinschaften.

So ist es das Anliegen dieser Ausführungen, aus den täglichen Erfahrungen heraus, zum Beispiel einer Schulgemeinschaft, jenen Gesetzen nachzuspüren, die in einem Organismus wirken. Es handelt sich also um die Aufgabe der Bildung eines Leibes, durch den ein Geistig-Seelisches wirken kann.

Die ständige Arbeit an der Entwicklung dieses Seelisch-Geistigen selbst als Voraussetzung für die Leibesgestalt kann nicht der Anspruch dieser kurzen Schrift sein. Da ginge es um Fragen der individuellen Schulung im Zusammenhang mit einer bewusst erstrebten Gemeinschaftsbildung im täglichen Leben, bei Schulgemeinschaften also vor allem in den Konferenzen. Zu diesem Thema sind in den letzten Jahren großartige Anregungen gegeben worden. Stellvertretend für viele möchte ich hier nur auf die Darstellungen von Jörgen Smit und Heinz Zimmermann hinweisen.*

Jede Organisation ist bedroht von Erstarrung, von Todeskräften. In einem Organismus aber wirken Kräfte des Lebens, des Auftriebes, der Verwandlung. Diese anzuregen, um den Leib einer Gemeinschaft gesund zu gestalten und zu erhalten, ist das Anliegen dieser Schrift.

Stuttgart, Mai 1998   *Matthias Karutz*

---

* Jörgen Smit: *Der werdende Mensch. Zur meditativen Vertiefung des Erziehens.* Verlag Freies Geistesleben, 3.Auflage, Stuttgart 1990. *Erziehung und Meditation.* Verlag am Goetheanum, 1983. *Freiheit erüben.* Verlag Freies Geistesleben, Stuttgart 1988.
Heinz Zimmermann: *Von den Auftriebskräften in der Erziehung.* Verlag am Goetheanum, Dornach 1997. *Sprechen, Zuhören, Verstehen in Erkenntnis- und Entscheidungsprozessen.* Verlag Freies Geistesleben, Stuttgart 1991.

Die Bereiche des gesellschaftlichen Lebens:
Wirtschaft, Staat, Kultur

Über politische Fragen zu sprechen ist heute unerfreulich, weil ganz allgemein eine große Verdrossenheit über die politischen Verhältnisse und die Politiker herrscht; und das nicht ganz zu Unrecht, denn es wird ja tagtäglich so viel versprochen, widerrufen und neu versprochen, wärend die Verhältnisse nicht besser werden, dass man das Vertrauen in die Fähigkeiten der Politiker, zu gestalten und zu verbessern, verliert. Man sieht überall nur noch Verwaltung.

Merkwürdigerweise sind die Verhältnisse offenbar ziemlich unabhängig von den jeweils regierenden politischen Kräften: in den CDU- oder CSU-regierten Ländern ebenso wie in den SPD-regierten herrscht eine enorm hohe Staatsverschuldung, herrschen Arbeitslosigkeit und wirtschaftliche Stagnation, wo nicht Rezession. Nur in wenigen Wirtschaftszweigen geht es «wieder aufwärts», worunter man wachsende Auftragseingänge und steigende Umsätze versteht – aber beides hängt nicht von den regierenden Parteien ab. Das ist auch weltweit so; ob Konservative oder Sozialisten regieren – die Probleme sind dieselben. Und weltweit ist es so, dass die Staatsfinanzen in Unordnung geraten sind, dass die reichen Privatleute, die Konzerne und Banken immer reicher, die Armen und die «untere Mittelschicht» aber immer ärmer werden, wenn auch auf verschieden hohem Niveau. Das sehen natürlich alle, auch wenn diese Verhältnisse von vielen ebenso geleugnet werden wie die Politikverdrossenheit.

Nun könnten wir uns ja einmal fragen, was Rudolf Steiner wohl heute zu unseren Verhältnissen sagen würde? Es könnte sein, dass er erinnerte an einen Satz aus dem Jahre 1919:

«Entweder man wird sich bequemen, mit seinem Denken den Anforderungen der Wirklichkeit sich zu fügen, oder man wird

vom Unglücke nichts gelernt haben, sondern das herbei-
geführte durch weiter entstehendes ins Unbegrenzte vermehren.»

Es ist der Schlußsatz aus seinem berühmten «Aufruf an das deutsche
Volk und an die Kulturwelt» vom März 1919, durch den die Dreiglie-
derungsbewegung in die Öffentlichkeit getragen wurde. Steiner wendet sich in wirklich demokratischer Manier an das Volk – an das
deutsche, darüber hinaus aber an alle Menschen der Welt, die sich für
die Kultur verantwortlich fühlen. Der Aufruf beginnt so:

«Sicher gefügt für unbegrenzte Zeiten glaubte das deutsche
Volk seinen vor einem halben Jahrhundert aufgeführten
Reichsbau. Im August 1914 meinte es, die kriegerische Kata-
strophe, an deren Beginn es sich gestellt sah, werde diesen Bau
als unbesieglich erweisen. Heute kann es nur auf dessen Trüm-
mer blicken. Selbstbesinnung muss nach solchem Erlebnis eintreten. Denn dieses Erlebnis hat die Meinung eines halben
Jahrhunderts, hat insbesondere die herrschenden Gedanken
der Kriegsjahre als einen tragisch wirkenden Irrtum erwiesen.
Wo liegen die Gründe dieses verhängnisvollen Irrtums? Diese
Frage muss Selbstbesinnung in die Seelen der Glieder des
deutschen Volkes treiben. Ob jetzt die Kraft zu solcher Selbstbesinnung vorhanden ist, davon hängt die Lebensmöglichkeit
des deutschen Volkes ab. Dessen Zukunft hängt davon ab, ob
es sich die Frage in ernster Weise zu stellen vermag: wie bin ich
in meinen Irrtum verfallen? Stellt es sich diese Frage heute,
dann wird ihm die Erkenntnis aufleuchten, dass es vor einem
halben Jahrhundert ein Reich gegründet, jedoch unterlassen
hat, diesem Reich eine aus dem Wesensinhalt der deutschen
Volkheit entspringende Aufgabe zustellen.»

Dieser Gedanke – einem neu gegründeten Staat muss eine Aufgabe
gestellt werden – mutet merkwürdig an. Denken wir an die vielen
Staaten, die nach 1945 in der Welt entstanden sind: welchem von
ihnen ist eine Aufgabe gestellt worden?

Einem Staat eine Aufgabe zu stellen, die «aus dem Wesensinhalt
seiner Volkheit entspringt», ist ein Gedanke, der heute schwer verständlich ist. Was ist für uns der Staat? Er ist die als politische
Einheit organisierte und mit Herrschafts-(Hoheits-)befugnissen

ausgestattete Gemeinschaft von Menschen innerhalb eines bestimmten, räumlich begrenzten Gebietes; und wenn man Aufgaben dieses Staates sieht, dann doch wohl solche, die vor allem dem Einzelnen dienen – und das gilt für alle modernen Staaten gleichermaßen. Man sieht die Hauptaufgabe des Staates darin, durch Setzung und Überwachung von Rechtsnormen, die das Privateigentum und die Vertragsfreiheit sichern sollen, das freie Spiel der wirtschaftlichen Kräfte zu gewährleisten, das wir Marktwirtschaft nennen. Der Einzelne soll dabei allerdings vor Ausbeutung geschützt werden («Soziale Marktwirtschaft»). An welche Aufgabe also denkt Steiner? Im «Aufruf» fährt er fort:

> «Das Reich war gegründet.» Aber «das Reich war in den Weltzusammenhang hineingestellt, ohne wesenhafte, seinen Bestand rechtfertigende Zielsetzung. Der Verlauf der Kriegskatastrophe hat dieses in trauriger Weise geoffenbart. Bis zum Ausbruche derselben hatte die außerdeutsche Welt in dem Verhalten des Reiches nichts sehen können, was ihr die Meinung hätte erwecken können: die Verwalter dieses Reiches erfüllen eine weltgeschichtliche Sendung, die nicht hinweggefegt werden darf.»

Jetzt ist man natürlich gespannt auf das, was Steiner als diese Sendung benennt. Er sagt: die menschliche Gesellschaft braucht die Gliederung in Systeme, in das wirtschaftliche System, in das politische System, in das System der geistigen Produktion, kurz: Wirtschaftsleben, Staat, Geistesleben.

Wenn man das liest oder hört, kann man enttäuscht sein, denn es kommt einem nicht gerade weltbewegend neu vor. Dass das gesellschaftliche Leben aus diesen drei Bereichen besteht, kann man heute oft hören. Man erinnert sich vielleicht auch an die mittelalterliche Dreiheit von Adel, Geistlichkeit und Volk, worunter im wesentlichen die Bauern, Handwerker und kleinen Kaufleute verstanden wurden, also die «wirtschaftende» Bevölkerung. Vielleicht weiß man sogar, dass diese Dreiheit schon von King Alfred erwähnt wird, dem großen – so heißt er ja auch – englischen Feldherrn und Staatsmann, der die Wikinger aus England vertrieben hat und der der Begründer der englischen Verwaltung und Rechtspflege war. Er sagte: es gibt «men who fight, men who work, men who pray» (Kämpfende,

Arbeitende, Betende). Das ist lange her: King Alfred the Great wurde 35 Jahre nach dem Tod Karls des Großen geboren (849) und wurde englischer König genau eintausend Jahre vor der Begründung des zweiten deutschen Reiches. Man kann also sagen, dass der Gedanke dieser gesellschaftlichen Dreiheit mindestens dem Jahrtausend von 871 bis 1871 zugrunde gelegen hat. Neu ist er also eigentlich wirklich nicht; neu ist etwas anderes.

Rudolf Steiner weitet zunächst einmal unseren Gesichtskreis rein quantitativ auf die ganze Erde aus. Sodann weitet er ihn qualitativ. Er macht nämlich darauf aufmerksam, dass die lebende Menschheit etwas anderes ist als die Summe der Staaten und der heute etwa 5 Milliarden Erdenbürger. Sie ist eine Einheit, und das heißt: ein Wesen, und dieses Wesen, diese Einheit hat – auch wenn wir das zunächst nicht recht denken können – ihren eigenen Organismus. Das ist der soziale Organismus.

Nun charakterisiert Steiner diesen und sagt: Dieser soziale Organismus der Menschheit ist ebenso funktionell gegliedert wie der natürliche Organismus des Menschen. Der natürliche Organismus besorgt das Denken durch den Kopf – nicht etwa durch die Lunge, und das Atmen nicht etwa durch den Kopf, durch das Nervensystem. Und Gesundheit herrscht, wenn das Nerven-Sinnes-System und das Rhythmische System von Blut und Atmung selbständig nebeneinander bestehen und lebendig zusammenwirken. Genau so müssen das wirtschaftliche System und das politische System voneinander unabhängig und selbständig sein. Sie dürfen nicht von einem gemeinsamen Gesetzgebungs- und Verwaltungsorgan aus «versorgt» werden, sondern sie müssen jedes ihre eigene Gesetzgebung und ihre eigene Verwaltung haben, und diese müssen dann zusammen arbeiten.

Nun tritt aber zu diesen beiden Systemen in völliger Selbständigkeit ein drittes System hinzu: das der geistigen Produktion, ebenso wie im natürlichen Organismus neben dem Nerven-Sinnes-System (Kopf-System) und dem rhythmischen System (Blut- und Atemsystem) das Gliedmaßen-Stoffwechsel-System als drittes besteht. Ebenso wie dieses muss das dritte Glied des sozialen Organismus selbständig sein, muss seine eigene Gesetzgebung und Verwaltung haben. Dann erst kann es zu einer gesunden Zusammenarbeit der drei Glieder des sozialen Organismus kommen, wie es ein gesundes Leben im natürlichen Organismus gibt.

Also: Der Organismus der Menschheit besteht aus drei funktionalen Systemen, dem Wirtschaftsleben, dem staatlich-rechtlichen Bereich und dem Gebiet der geistigen Produktion. Diese drei Systeme müssen zusammenarbeiten. Das können sie aber nur, wenn sie selbständig sind, wenn sie sich nach ihren eigenen Kräften und Gesetzen ausgestalten können und wenn sie nicht gegenseitig in ihre Bereiche hineinregieren.

Nun kann das ja zunächst ganz elementar einleuchten, dass Unabhängigkeit und Gleichberechtigung nötig sind für Zusammenarbeit: auch Menschen können Zusammenarbeit nur echt vollziehen, wenn sie gleichberechtigt sind. Untergebene können nur zuarbeiten in einem bestimmten Rahmen, und ein Vorgesetzter, der ja auch die Verantwortung trägt, kann niemals auf sein Weisungsrecht und seine Weisungspflicht ganz verzichten. Aber beim näheren Eingehen kommen einem doch sofort Fragen. Etwa diese:

- Wie ist es mit der Verantwortung bei der Zusammenarbeit?
- Wie ist es mit den drei voneinander unabhängigen Gesetzgebungs- und Verwaltungsgremien: ist das nicht unverhältnismäßig aufwendig und entsprechend auch teuer?
- Wie unterscheiden sich die eigenen «Kräfte und Gesetze» der drei Systeme voneinander?

Es steigen um so mehr Fragen in einem auf, je länger und intensiver man sich mit der Sache beschäftigt.

Greifen wir die erste Frage auf. Unser Denken ist seit langem geprägt von hierarchischen Strukturen. Die staatliche Verwaltung, das Militär, Industriebetriebe, Kirchen: überall herrscht das vertikale Prinzip. Wer den höheren Rang einnimmt, hat das Weisungsrecht. Wer den niedrigeren Rang einnimmt, hat gewöhnlich nur innerhalb eines bestimmten Rahmens die Möglichkeit zu selbständigem und verantwortungsvollem Handeln. Im Konfliktfall hat er «klein beizugeben», auch wenn er recht hat.

Ein denkwürdiges Aufbrechen dieses hierarchischen Denkens ereignete sich 1949, als das Grundgesetz geschaffen wurde. Eine mutige, kluge Frau, Elisabeth Selbert, formulierte da den «zeitlos revolutionären Satz» (Sibylle Thelen): «Männer und Frauen sind gleichberechtigt.» Da man – z.B. in einer Ehe – nicht mit immerwährender Harmonie rechnen kann, wurde die Frage zum Problem, was bei Uneinigkeit, etwa bei der Erziehung der gemeinsamen Kinder, geschehen solle. Aus hierarchischem Denken heraus wurde darum gefordert, dem obigen Satz hinzuzufügen: «In Zweifelsfällen entscheidet der Mann.» Es gelang Elisabeth Selbert (1896-1986), die anderen «Väter und Mütter des Grundgesetzes» vom Widersinn des Nachsatzes zu überzeugen. Er wurde wieder fallen gelassen und so steht Artikel 3 Absatz 2 seither ohne «Absicherung» in der Selbertschen Formulierung im Grundgesetz.

Zusammenarbeit Gleichberechtigter heißt eben: man muss sich *einigen*. Wie, das ist die Sache der Betroffenen. Die Nichtbetroffenen, also auch der Gesetzgeber, müssen sich zurückhalten. Aber wenn sie das Vertrauen entwickeln in die Konsensfähigkeit der beiden Parteien, dann wird diese auch gestärkt. Und das ist ja wesentlich: während ein dominanter Vorgesetzter seine Untergebenen demotiviert, besonders bei fehlender Sachkompetenz, wirkt Vertrauen immer belebend, befeuernd, Fähigkeiten-erweckend. Das muss man sich immer wieder klar machen, denn im Gegensatz zum beruflichen Leben wird im privaten Leben ja die Konsensfähigkeit von jedem immerfort gefordert: von Ehepartnern, von Eltern und ihren heranwachsenden Kindern, von Freunden, von Nachbarn, von Verkehrsteilnehmern ... und wie kann Konsensfähigkeit gelernt und geübt werden, wenn von vorneherein feststeht, wer im Konfliktfall das Sagen hat?

Zur zweiten Frage: Wie ist es mit den drei voneinander unabhängigen Gesetzgebungs- und Verwaltungsgremien hinsichtlich Aufwand und Kosten?

Eine Dreiheit von Gesetzgebungs- und Verwaltungsgremien *kann*, aber sie muss nicht zu größerem Aufwand und zu Verteuerung führen. Zunächst entfiele ja auf das Gesetzgebungsorgan des «Staates» nur ein Drittel der bisherigen Aufgabenfelder, weil die wirtschaftlichen und kulturellen Belange herausgelöst werden. Zum zweiten wären die Abgeordneten gerade des «Wirtschaftsparlamentes» und des «Kulturparlamentes» fachlich näher an «ihren» Problemen angesiedelt. Heute sind ja ein großer Prozentsatz der Abgeordneten Juristen, außerdem sitzen sehr viele Lehrer in den Parlamenten. Beide müssen sich z.B. in wirtschaftliche Fragen immer erst einarbeiten, die Juristen ebenso in die Belange der Kultur, z.B. des Schulwesens. Es könnte also sogar sein, dass drei Parlamente effektiver arbeiten, wenn sie nach den gesellschaftlichen Bereichen fachgerecht gebildet sind.

Das gleiche gilt auch für die Verwaltungen – von der Seite des Umstandes und des Aufwandes muss eine Dreiheit von Gesetzgebung und Verwaltung also nicht unpraktisch und teurer sein als eine einheitliche Organisation.

Die unterschiedlichen Gesetzmäßigkeiten
der drei Bereiche
des sozialen Organismus

Die dritte Frage, wie sich die eigenen «Kräfte und Gesetze» der drei Bereiche voneinander unterscheiden, führt uns auf einen ganz entscheidenden Punkt. Wieder müssen wir einen Blick in die Geschichte tun, diesmal in die Französische Revolution. Vor 200 Jahren wurden drei Ideale verkündet. Sie waren alle drei nicht neu, aber in ihrer Verbindung und als politische Ziele wurden sie doch erst 1789 sozusagen «spruchreif»: Freiheit, Gleichheit, Brüderlichkeit. Diese drei Ideale haben die Menschen, vor allem die jüngeren, damals ungeheuer befeuert. So etwas hat es seither nicht mehr gegeben. In den modernen Staatengründungen war meist der Freiheitsgedanke wirksam, aber beinahe immer im Sinne von Unabhängigkeit: Unabhängigkeit von der englischen Krone, von den anderen kolonialistischen Mutterländern Europas, also Österreich, Frankreich, Spanien, Portugal, Holland, Italien, Dänemark, Deutschland, Rußland ..., Unabhängigkeit von fürstlichen Restriktionen, Unabhängigkeit auf wirtschaftlichem Gebiet, Unabhängigkeit von der Vormundschaft der Kirche.

Die Begeisterung für die drei Ideale der Französischen Revolution hatte etwas Rauschhaftes, Gefühlsbestimmtes, auch Unklares. Es hat nicht an kritischen Stimmen gefehlt, die der begeisterten Jugend entgegenhielten, diese Ideale widersprächen sich, und so seien sie trotz ihrer Erhabenheit für die Politik doch nicht brauchbar. Wenn man z.B. das Ideal der Gleichheit aller Menschen betrachte, mit dem die Fürstenwillkür gegenüber den Untertanen beendet werden sollte, dann widerspreche sie der Freiheit, auch eben dieses Fürsten, der ja auch Mensch ist und ebenso wie alle anderen das Bedürfnis hat, sich individuell zu entwickeln und seinen individuellen Weg in Freiheit zu gehen. Umgekehrt auch: wenn z.B. ein Großkaufmann im Kolonialismus ein Handelsimperium aufbaute, dann entwickelte er das mit enormer persönlicher Kraft in Freiheit; er «nahm» sich die Freiheit – und das meist auf Kosten der sogenannten «Eingeborenen», denen er dieselbe Freiheit keineswegs zubilligte. Das erschütterndste Beispiel unserer Tage ist wohl die Apartheidspolitik Südafrikas gewesen.

Nachdem die Aufbruchsstimmung von 1789 in den Wirren danach wieder etwas verflogen war, nachdem vor allem in den napoleonischen Kriegen die Freiheit einer großen Zahl von Staaten unterdrückt worden war, half man sich damit, dass man ganz bestimmte Freiheiten definierte, forderte und garantierte. Das ist im Grunde ja noch heute so, denken wir an unsere «Grundrechte», wie sie in den Artikeln 2 bis 17 unseres Grundgesetzes verankert sind. Und schließlich postulierte man noch, die Freiheit des Einzelnen ende da, wo die des nächsten beginne (Art. 2 GG). Das ist sozial verständlich, aber dem Wesen der Freiheit entspricht das ja nicht! Es ergibt sich dadurch ja auch ein ungleiches Maß an Freiheit in menschenleeren Gebieten im Vergleich zu Ballungsräumen.

Schaut man sich in der Welt um, dann sieht man, wie die Begriffe «Freiheit» und «Gleichheit» keineswegs schon zum Allgemeingut geworden sind, wie sie oft beliebig ausgelegt werden. Wie oft wurde z.B. Elsaß-Lothringen «befreit»: 1871 haben es die Deutschen von den Franzosen befreit, 1918 die Franzosen von den Deutschen, 1940 wieder die Deutschen, 1945 erneut die Franzosen – allmählich nutzt sich ein solcher Begriff ab bis zur Lächerlichkeit. Und Gleichheit: Noch immer halten sich viele Deutsche als den ausländischen Gastarbeitern überlegen; noch immer halten sich viele Männer als den Frauen im Arbeitsleben überlegen, obwohl doch die Frauen in der Regel mehr arbeiten und dennoch einen niedrigeren Lohn als die Männer erhalten. Oft sind die Begriffe mehr Propagandawaffen als Ziele und Ideale oder gar Verpflichtungen.

Am schwierigsten ist wohl der dritte Begriff zu fassen, die «Brüderlichkeit». Auch dieser kommt aus Urtiefen des menschlichen Empfindens und steckt in uns allen irgendwie drin. Wendet sich das Denken ihm zu, dann allerdings verschwimmt dieser Begriff leicht ein wenig zu einer allgemeinen Menschenliebe, zum Gefühl «wir sind doch alle Menschen», «man muss den Armen helfen» u.s.w. Es mischt sich, je nach Stand und Charakter, ein klassenkämpferisches Element («Als Adam grub und Eva spann/ wo war denn da der Edelmann?») oder ein Zug von Barmherzigkeit und Mitleid hinein, der wiederum andere abstößt, insbesondere die überzeugten Sozialdarwinisten, die, wenn sie für Unternehmen sprechen, die Maxime vertreten: «Wir sind kein Wohltätigkeitsverein.»

Oft wird Brüderlichkeit mit «Solidarität» übersetzt und wird dann wie in Polens Solidarnosz zu einem Parteiprogramm. Wie schwer es ist, sich diesem dritten Begriff zu nähern, zeigen auch jene Frauengruppen, die in diesem Zusammenhang den Begriff «Schwester» vermissen und die dadurch den «Bruder» geschlechtsspezifisch abstempeln, den Bruder, der ja eigentlich Mit-Mensch bedeutet. Würde man Bruder und Schwester begrifflich zusammenfassen, käme man von der «Brüderlichkeit» zur «Geschwisterlichkeit» – das klingt nicht nur ganz ungewohnt, sondern führt auch ins Familiäre zurück, ins Sippenhafte, das ja mit der Brüderlichkeit gerade überwunden werden sollte.

Wir sehen: der Bereich der drei Ideale der Französischen Revolution ist ungeheuer gefühlsdurchwogt, oder auf «Neudeutsch»: stark emotional befrachtet.

In diesen ganzen Bereich hat nun Rudolf Steiner Gedankenklarheit gebracht. Ausgehend vom Ideal der Gleichheit sagt auch er, dass alle Menschen – zunächst alle Erwachsenen, wobei der Zeitpunkt von Volljährigkeit, Wahlmündigkeit und Strafmündigkeit einmal noch offen bleibe – vor dem Gesetz gleich gestellt sein müssen. Er führt diesen Gedanken aber weiter über die im allgemeinen akzeptierte Form hinaus, indem er zweierlei feststellt: dass Gleichheit erstens überhaupt das Prinzip des rechtlich-staatlich-politischen Bereiches ist, dass aber die Gleichheit zweitens *nur* in diesem Bereich gehört. Sie gehört *nicht* in den Bereich des Geisteslebens, also in den Bereich der geistigen Produktion, und sie gehört *ebensowenig* in das Wirtschaftsleben.

Wie ist es mit der Gleichheit, wenn sie im Geistesleben praktiziert wird? Das Individuellste des Menschen äußert sich in seinem Stil, in seinem ganz persönlichen Stil. Schreibt einer wie ein anderer, malt wie ein anderer, dann ist die individuelle schöpferische Kraft schwach ausgebildet. Man kennt das von Fälschern: sie können perfekt im Stil anderer produzieren, aber einen eigenen Stil können sie dabei nicht entwickeln; an einer allgemeinen Entwicklung können sie nicht mitarbeiten, die geht über sie hinweg. Man kennt es auch vom sogenannten «Briefschriftsteller», der dazu anleitet, wie «man» einen Kondolenzbrief, ein Bewerbungsschreiben oder gar einen Liebesbrief verfaßt: es werden Konventionen tradiert. So etwas sollte immer nur am Beginn stehen, wenn man noch lernt. Indem man Konventionen tradiert, behält man seinen Lehrlingszustand bei, anstatt von ihm «freigesprochen» zu werden; eine weitere Entwicklung unterbleibt.

Das Wesentliche der geistigen Produktion ist gerade das Einmalige, das Individuelle, das Neue, das *Ungleiche*. Erfindungen, Kompositionen, Gedichte, Gemälde: alles ist so vielgestaltig, wie es die menschlichen Biographien sind oder die menschlichen Fingerabdrücke.

In den Bereich des Geisteslebens gehört deshalb nicht die Gleichheit, sondern ein anderes Ideal, nämlich das der Freiheit. Der erwachsene Mensch muss frei entscheiden, welchen Beruf er ergreift, wo er sich dafür ausbilden lässt, ob und wie er sich spezialisiert, ob er sich weiterbildet oder auf dem einmal erworbenen Kenntnisstand zum Routinier wird, ob er seinen Horizont erweitert, ob er Tagebuch führt oder nicht, ob er seine Berufs- und Lebenserfahrungen aufschreibt und als Buch herausgibt oder nicht – usw. usf. Der Rechtsbereich darf dabei nicht mehr tun als den äußeren Rahmen zu geben, in dem sich das Geistesleben dann abspielt, also die Freiheit zu gewährleisten: Jeder hat das Recht dazu, dies oder jenes zu werden, ungeachtet seines Geschlechtes, seiner Hautfarbe, seiner politischen oder religiösen Überzeugungen usw. Der Rechtsbereich muss sicherstellen, dass ein einmal abgelegtes Examen anerkannt, ein Titel oder ein Patent oder ein Urheberrecht geschützt bleibt, dass Zuwiderhandlungen gegen diese Rechte verfolgt und geahndet werden.

Wo der Rechtsbereich, also der Staat und seine Verwaltung, dagegen inhaltlich in das Geistesleben eingreift, überschreitet er seine Kompetenz. Wenn im Dritten Reich die Werke von Emil Nolde als «entartet» bezeichnet wurden, wenn Nolde Malverbot auferlegt wurde, dann ist dies ein sprechendes Beispiel für solche Kompetenzüberschreitungen. Gleichzeitig ist es auch ein Beispiel für die absolute Unsinnigkeit, denn das Niveau der Kunst, die vom Regime geduldet oder gefördert wurde, oder etwa das Niveau der Werke des Kunstmalers Adolf Hitler, liegt klaftertief unter dem der Noldeschen Werke; der kulturelle Fortschritt wurde also vom Staat aufgehalten.

Ganze Jahrgänge – in der Sowjetunion, wo es ähnlich zuging, waren es zwei Generationen – wurden so in ihrer Geschmacksbildung korrumpiert.

Beim staatlich-rechtlichen Bereich ist die Gleichheit aber als oberstes Ideal berechtigt. Sie schafft die Rechtssicherheit, die für die schöpferische Individualität nötig ist. Sie schafft einen Rahmen, in dessen Schutz schöpferische Entwicklung stattfinden kann. Sie schafft natürlich auch große Durchschlagskraft vor allem im Militärischen. Als äußeres Bild dafür steht der militärische «Gleich»-schritt vor uns. – Werfen wir einen Blick auf das Wirtschaftsleben.

Wie wirkt sich die Freiheit aus? Das ist ja die Grundidee der Liberalen, der Unternehmer, die es noch immer – Gott sei Dank! – gibt. Im Rückblick auf die Geschichte muss man aber sagen, dass die Kombination von Freiheit und Wirtschaftsleben zum Kolonialismus geführt hat, zur Unterdrückung und Ausbeutung von Abermillionen Menschen, ja zur Ausrottung im großen Stil und zur unwiederbringlichen Vernichtung zahlloser Kulturen auf der ganzen Welt. Sie hat auch im Kapitalismus und im Industrialismus zu Unterdrückung und Verarmung geführt, zu Landflucht und Zerstörung alter sozialkultureller Bindungen und Familienzusammenhänge, zur Bildung des Proletariats im 19. Jahrhundert, zur Slum-Unkultur unseres Jahrhunderts. Sie hat zu den größten Kriegen geführt, die es je gegeben hat, sie hat zur Zerstörung vorkapitalistischer Wirtschaften geführt und in deren Folge weiter zur Zerstörung und Vergiftung von Ländern und Flüssen und Meeren, zum Abholzen der Regenwälder, zum Artensterben im Pflanzen- und Tierreich, zu grandiosen Naturkatastrophen und zur rasenden Ausdehnung der Wüsten.

Wie ist es, wenn der Gesichtspunkt der Gleichheit im Wirtschaftsleben dominant wird? Das haben wir überall dort erlebt, wo staatliche Planwirtschaft eingeführt wurde: das Wirtschaftsleben verliert seine Lebenskraft. Es geht dann zwar alles gleichmäßig weiter, aber es geht gleichmäßig bergab. Solche Staaten leben von der Substanz, die in früherer Zeit erarbeitet worden war; nach ein bis zwei Generationen haben sie abgewirtschaftet. Das scheinen inzwischen bis auf die Nordkoreaner auch alle ehemaligen Kommunisten begriffen zu haben. Sie propagieren jetzt Individualismus – aber nur auf wirtschaftlichem Felde, und sie meinen, dass man das auf die Dauer mit Menschen machen könne!

Wenn im rechtlich-staatlichen Bereich die Gleichheit oberstes Ziel ist, im Geistes- und Kulturleben die Freiheit, und wenn beide Ideale ins Wirtschaftsleben nicht recht passen, dann müsste im Wirtschaftsleben die Brüderlichkeit gelten. Das verwundert uns, glauben wir doch, überall und unentwegt alles andere als das zu erleben, – bis in die Sprache hinein vermisst man das Menschliche:

Konkurrenzkampf – Preiskrieg – Leistungsdruck – Gnadenlose Härte – Kampf ums nackte Überleben – Abbau der Sozial-«Belastungen» – Verdrängung – Marktbeherrschung – eisiges Sozialklima – Pleite-Geier (Ein Geier ist ein Aasfresser, also auch im Bilde lebt der Tod) – Jemand ist «weg vom Fenster» (d.h. gestorben) – dies oder jenes «kann man vergessen» …

… und das soll der Bereich sein, in dem Brüderlichkeit oberstes Ziel sein muss? Eine Schwierigkeit im Verständnis dieser Zugehörigkeit liegt sicher in der Interpretation des Begriffes «Brüderlichkeit». Wir sind immerfort geneigt, in diesem Begriff etwas Karitatives zu sehen, etwas von praktiziertem Opferwillen. Wer ist brüderlich? Ist es zum Beispiel der heilige Martin, der seinen Mantel mit dem Bettler teilt? Nun möchte ich gewiss nichts gegen St. Martin sagen und gegen das großartige Bild seiner Tat: Der Ritter auf seinem Ross, der sein Gewand mit dem Bettler im Straßenkot teilt. Dennoch: für das Verständnis der notwendigen Gestaltung des Wirtschaftslebens taugt dies Bild nicht; so kann man verstehen, wenn der nüchterne Geschäftsmann sich keineswegs St. Martin zum Ideal nehmen kann, jedenfalls nicht von Montag bis Freitag. «Brüderlichkeit» im Wirtschaftsleben deutet auf etwas anderes, und das ist glücklicherweise so nüchtern, dass es gerade die Geschäftsleute verstehen müssten.

Verfolgen wir einmal die Entstehung einer Ware, sagen wir eines Anzuges. Da hat ein Farmer irgendwo in Australien 100 000 Schafe. Die werden im Dezember von Lohnscherern geschoren. Die Vliese werden von Händlern aufgekauft und mit gigantischen Trucks an die Küste gefahren. Dort werden sie in riesigen Hallen zwischengelagert. Exporteure ersteigern sie. Nun werden sie verschifft und – zum Beispiel – um die halbe Welt nach Europa gebracht. In Bremen werden sie erneut versteigert und von Importeuren oder direkt von Textilfabriken erworben. Jetzt werden die Vliese mit der Bahn, mit Binnenschiffen oder auf der Straße an die Fabrikationsorte verbracht. Die Verarbeitung beginnt, unter Umständen an verschiedenen Orten: die Wolle wird sortiert, gewaschen, gesponnen, gefärbt, ausgerüstet und gewebt. Die Stoffe gehen über Tuchhandlungen an Konfektionierer. Dort entstehen nun die Kostüme und Anzüge, die schließlich in Bekleidungsgeschäften oder Kaufhäusern angeboten werden und die wir dann als «Endverbraucher» kaufen können, sagen wir für DM 800.–

Die Wolle wandert also um die halbe Welt. Damit das möglich ist, braucht es die verschiedensten Fachleute, es braucht Kraftwagen und Schiffe, Lagerhallen und Dieseltreibstoff, Auktionen; es braucht Waschmittel und Farben, Spinnmaschinen und Webstühle, Designer und Werbefachleute, Vertreter und Schneider, Dekorateure und schließlich Verkäufer, vielleicht noch den Änderungsschneider. Es müssen petrochemische Anlagen da sein, es müssen Kraftfahrzeugindustrien und Schiffswerften bestehen, Dutzende von Maschinenfabriken, von Farbenfabriken, von Papierfabriken, Druckereien; es müssen Straßen da sein, die in Ordnung gehalten werden müssen, Verkehrspolizisten, Hafenanlagen mit Stauern, Kranführern, Hafenkapitänen, Lotsen, Leuchtturmwärtern; Unfallstationen und Krankenhäuser, Banken und Versicherungsgesellschaften sind nötig usw. usf. Wir sehen: greifen wir nur eine einzige Ware heraus, landen wir sofort in einem Netz von Beziehungen, das sich über die ganze Erde spannt, in das Zehntausende von Menschen aus Hunderten verschiedener Berufe in Tausenden von verschiedenen Betrieben in Dutzenden von Ländern eingebunden sind; wahrscheinlich ist es gar nicht möglich, dieses Geflecht vollständig aufzudecken – es wird einem fast schwindelig, vor allem, wenn man bedenkt, dass alles in fortwährender Bewegung ist: die Wolle wächst auf dem Rücken der Tiere, aber in jedem Jahr etwas anders; Schurgeräte, Transportfahrzeuge, Maschinen, Modefarben – alles ist immerfort in Entwicklung und Wandlung begriffen.

Nun sagt man ja gewöhnlich, diese vielfältigen Vorgänge werden durch Angebot und Nachfrage geregelt. Was heißt das eigentlich?

Einer braucht etwas, das er nicht hat, und er bezieht es von einem, der es hat, aber nicht braucht. Hat er es, dann bearbeitet er es und wird nun seinerseits zu einem, der etwas hat, das er nicht braucht, und der die Ware an einen anderen verkauft, der sie braucht, aber nicht hat. Dieser Vorgang liegt dem gesamten Netzwerk «Wirtschaftsleben» zugrunde, wenn man von dem uralten Prinzip der Selbstversorgung absieht, die es ja praktisch nicht mehr gibt.

Mit einem Wort: im Wirtschaftsleben erhält man von anderen, was man braucht, und was man herstellt, ist für andere. Das gilt für alle. Und das ist das brüderliche Prinzip.

Ob man etwas kauft oder geschenkt bekommt oder sich leiht, ob man also eine Gegenleistung erbringt oder nicht, das ist erst eine nachgeordnete Frage, die mit der gegenseitigen Abhängigkeit zunächst gar nichts zu tun hat.

Das Bestechende an diesem brüderlichen Prinzip ist, dass es absolut nüchtern und sachlich ist; man kann leben und verdienen! Es ist sogar so: je mehr Menschen oder Firmen in das Netz eingeknüpft sind, je weiter also die Arbeitsteilung ausgebildet ist, desto besser, und würde immer so sachlich und nüchtern vorgegangen werden, wie man das zu tun vorgibt, dann könnten die Waren entsprechend immer billiger werden. – Halten wir also fest:

Der Dreiheit von Systemen im sozialen Organismus entsprechen die drei großen Ideale der Französischen Revolution:

- Die Freiheit entspricht dem Gebiet der geistigen Produktion, dem Geistesleben,
- Die Gleichheit entspricht dem Gebiet des Rechtes, des Staates, der Politik,
- Die Brüderlichkeit entspricht dem Wirtschaftsleben.

Diese drei Ideale in den drei Gebieten zu verwirklichen, gibt ihnen Lebenskraft. Werden die Ideale in die jeweils anderen Gebiete getragen und werden dort dominant, dann werden die Lebenskräfte geschwächt – und sterben im schlimmsten Fall ganz ab.

- Wird Freiheit im Rechtsleben dominant, herrscht wie beim Faustrecht oder bei der Selbstjustiz Rechtsunsicherheit und Chaos.
- Wird die Freiheit im Wirtschaftsleben vorherrschend, führt das zu verantwortungsloser Ausbeutung aller Naturreiche und der Menschen, es führt zu Vernichtung, Vergiftung, Zerstörung.
- Wird die Gleichheit im Geistesleben zum wichtigsten Ziel, führt sie zur Ablähmung der geistigen Produktivkräfte. Die Folge ist Stillstand und Verfall.

- Wird die Gleichheit im Wirtschaftsleben verwirklicht, dann ersticken die Produktivkräfte in den Bürokratien der Planwirtschaft.

- Wird die Brüderlichkeit im Geistesleben dominant, dann führt auch dies zur Ablähmung der individuellen Kräfte, es kommt sehr rasch zu Zirkel- und Logenbildungen, zur Trennung von Bruder und Nichtbruder.
- Und die Brüderlichkeit im Rechtsleben führt leicht zum Lobbyismus, zur «Vetterles-Wirtschaft», zu Begünstigung, Korruption und Strafvereitelung.

Das Ineinandergreifen der drei Bereiche des sozialen Organismus

Wenn man versucht, in die Materie etwas tiefer einzudringen, dann muss man sehr behutsam vorgehen. Nicht umsonst hat Rudolf Steiner den sozialen Organismus mit dem natürlichen Organismus verglichen: es handelt sich beidemale um Organismen. Das Denken, das die Menschen heute in aller Regel beim Betrachten, Studieren und Gestalten politischer Vorgänge anwenden, ist ein Denken, das an der physikalischen Mechanik entwickelt wurde und betrachtet auch die Vorgänge im gesellschaftlichen Leben eigentlich als mechanische Abläufe. Organische Entwicklungen, organisches Leben zu erfassen ist aber etwas anderes als das Erfassen etwa von Konstruktionselementen in Baustatik oder Festigkeitslehre.

Stellen wir von den drei Systemen des sozialen Organismus das Geistesleben vor uns hin. Wir sagten, dass in ihm die Freiheit das entscheidende Prinzip sei und sein muss. Gehen wir für die weitere Betrachtung von einem ganz naheliegenden Beispiel aus: Insofern irgend eine Studiengruppe beieinandersitzt, lebt sie dieses Element der Freiheit. Alle sind aus freien Stücken gekommen. Sie sind absolut frei in der Entscheidung, ob sie mitdenken oder nicht. Ob sie es tun oder nicht: es hat das keine Konsequenzen im äußeren Sinne. Sie sind ganz frei darin, wie sie mit den besprochenen Gedanken umgehen, ob sie diese weiterbewegen, mit anderen besprechen, durch Literatur anreichern und vertiefen, ob sie vielleicht das eine oder andere Problem anhand dieser Gedanken anders zu sehen beginnen, oder ob sie sich das Urteil glauben bilden zu müssen: alles Unsinn, in sich völlig widersprüchlich, unakzeptabel: – das Typische einer solchen Studiengruppe ist ein einziges «Baden in Freiheit».

Es gibt keine Institution der Welt, die den Gruppenmitgliedern in diesem freiheitlichen Rahmen irgendeine grundsätzliche Beschränkung auferlegen könnte, und es gibt niemanden, von dem wir uns das gefallen lassen müssen.

Das heißt, *das* stimmt nicht; es gibt einen. Ich meine jetzt nicht den «lieben Gott», sondern uns selbst. Wir können uns dazu zwingen, an einer Studiengruppe teilzunehmen, auch wenn wir vielleicht müde oder nicht wohl sind; wir können uns zu Pünktlichkeit zwingen, zum Mitdenken usw. Das aber empfinden wir nicht als gegen die Freiheit gerichtet, sondern umgekehrt: gerade darin, dass wir leibliche und seelische Hemmnisse wie Befindlichkeit, Launen, Emotionen usw. freiwillig überwinden können zugunsten eines einmal gefassten Entschlusses, gerade darin liegt das Wesen unserer Freiheit begründet.

Nehmen wir nun einmal das Folgende an: ein solcher Kreis – oder irgend eine andere Menschengruppe, die in ähnlicher Weise ein erkenntnismäßiges Studium betreibt – entschließt sich dazu, irgend etwas zu tun, etwas zu begründen, etwas in die Welt zu stellen. Das könnte z.B. ein Gartenfest sein; aber auch eine dauerhaftere Institution, etwa ein Kindergarten, eine freie Schule oder irgend eine andere Institution des kulturellen, geistigen Lebens – so sind ja z.B. alle Freien Schulen entstanden.

Wenn so etwas entstehen soll und jeder der beteiligten Mitbegründer würde sich genau so in grenzenloser Freiheit darleben, dann entstünde die geplante Institution wohl nicht. Es entstünde wahrscheinlich ein chaotischer Energiewirbel, ein Chaos! Die freien Aktivitäten der Einzelnen müssen jetzt gerichtet und gebündelt werden. Wenn eine Initiative entstehen soll, muss sie von außen, also von anderen Menschen und Institutionen wahrgenommen werden. Sie muss als solche angesprochen werden können, sie muss solide und verlässlich sein («berechenbar»). Es entsteht eine weitergehende Einheit, eigentlich eine «juristische Person» (im Gegensatz zur natürlichen), wenngleich die Juristen von einer solchen erst nach ihrer Eintragung ins Vereinsregister sprechen.

Was da geschieht ist, organisch betrachtet, eine Geburt; es tritt etwas in Erscheinung, das vorher noch nicht bestanden hat, wenn es auch schon konzipiert war. «In Erscheinung treten» heißt, dass auch alle, die nicht im Gründerkreis sind, jetzt diese Initiative wahrnehmen können: an dem Namen, den sie erhalten hat, oder an dem Raum oder Haus, in dem sie residiert. Das sind zwei Beispiele für die Tatsache, dass die neue Initiative, kaum dass sie gegründet ist, auch schon über das Gebiet des Geisteslebens hinauswächst und in das Rechtsleben und in das Wirtschaftsleben hineinreicht. Ins Rechtsleben, insofern sie Träger von Rechten und Pflichten wird (Name, Bankkonto, evtl. Gemeinnützigkeit, Mitgliedschaft im Deutschen paritätischen Wohlfahrtsverband oder anderen Zusammenschlüssen …), ins Wirtschaftsleben, insofern sie Konsument wird (Bezieher von Strom, Wasser, Heizung, evtl. Telefonanschluss …).

Nun kann man fragen, wie der Gründerkreis mit der Tatsache umgeht, dass die aus dem Geistesleben begründete neue Institution unversehens auch in die beiden anderen Glieder des sozialen Organismus hineinreicht. Dabei muss man berücksichtigen, dass der Kontakt der neuen Institution mit dem Rechtsleben ein doppelter ist: einerseits ist die Initiative als juristische Person hinzugetreten zu den anderen juristischen Personen, die schon da waren, und sie muss sich nun in richtiger Weise mit diesen arrangieren. Andererseits ragt aber das Rechtsleben auch in das innere Leben der neuen Institution hinein, insofern die Menschen zusammenarbeiten und zusammen sein müssen, die diese Initiative betreiben. Man könnte von einem Außen- und einem Innenverhältnis sprechen. Ich möchte für beides je ein Beispiel zur Verdeutlichung des Gemeinten anführen. Beide Beispiele entstammen der Praxis.

In einer sozialen Einrichtung, die auf ähnliche Weise entstanden ist, wie ich es eben hypothetisch geschildert habe, machten einmal zwei Schülerinnen unseres Sozial-Praktischen Zuges ein Praktikum. Da solche Praktika Teil des Lehrplanes dieses Zuges sind, haben die Schülerinnen ein Recht auf eine Arbeitsbestätigung bzw. ein Zeugnis. Die Schule hat entsprechend die Pflicht, solche Papiere auszustellen. Da die Tätigkeit außerhalb der Schule stattgefunden hat, muss sie natürlich von der Praktikumsstelle testiert werden; die Aufgabe der Schule besteht darin, den Vorgang verwaltungstechnisch abzuwickeln.

Nun geschah das Folgende: Die Schülerinnen bekamen, wie so etwas eigentlich üblich ist, an ihrem letzten Praktikumstag kein Zeugnis. Sie bekamen es auch später nicht, Monate vergingen. Schließlich bat der inzwischen eingeschaltete Klassenpfleger um die Zeugnisse in der Annahme, aus irgend einem Grunde seien diese liegengeblieben. Ergebnis: nichts geschieht. Erneute höfliche Mahnung: kein Zeugnis erschien. Die daraufhin erfolgte entschiedene Intervention brachte dann die Zeugnisse bei, zwei Tage vor Schuljahresende. Endlich erledigt? Weit gefehlt: die Zeugnisse waren ungültig, denn es fehlten Orts- und Datumsangabe bei der Unterschrift, und sie waren darüberhinaus unbrauchbar, denn der Zeitraum, in dem die Praktika stattgefunden hattten, war nicht genannt. Also Reklamation. Wieder dauerte es lange, bis schließlich alles in Ordnung war, die Zeugnisse den Schülerinnen ausgehändigt werden konnten und sie die Papiere den Ausbildungsstätten, bei denen sie sich längst beworben hatten, nachreichen konnten.

Was zeigt dieses Beispiel? Zunächst einmal: so können zwei Institutionen nicht miteinander umgehen! Selbst zwei Institutionen des Geisteslebens nicht. Die Freiheit, etwas zu tun oder zu unterlassen, muss dort zurücktreten, wo es um den richtigen Umgang miteinander geht, das heißt aber: um die Rechtssphäre. Hier gilt die Gleichheit, auch die Gleichheit vor den Konventionen des interinstitutionellen Umganges miteinander. Dieser Umgang miteinander gebietet, eine Praktikumstätigkeit mindestens zu bestätigen, und zwar 1. für die Praktikantinnen als Nachweis ihrer Tätigkeit, 2. für die Schule der Praktikantinnen als Nachweis für die Durchführung ihres Lehrplanes und 3. für die eigenen Unterlagen, falls später einmal Nachfragen kommen. Eine Beurteilung der Arbeit muss nicht unbedingt sein, ist aber üblich, wenn Tätigkeit und Einsatz ein Lob verdienten. In der Regel heute nicht mehr üblich, früher aber selbstverständlich, sind ein Dank für die Mitarbeit und gute Wünsche für den weiteren Lebens- und Berufsweg – früher meist verbunden mit einer Empfehlung des Zeugnisinhabers an alle späteren Arbeitgeber.

Der Umgang miteinander empfiehlt, das Testat am letzten Praktikumstag zu überreichen, damit das Praktikum nicht nur faktisch, sondern auch verwaltungsmäßig abgeschlossen ist. Die pünktliche Ausstellung ist außerdem praktisch, wenn eine Beurteilung erfolgt, weil die Eindrücke noch frisch sind. Je länger eine Beurteilung hinausgezögert wird, desto blasser wird sie sein.

Der Umgang miteinander legt nahe, Briefe, insbesondere Mahnungen, mindestens zu beantworten, wenn es sich nicht gerade um unflätige Anwürfe handelt.

Und schließlich gebietet der Umgang miteinander, solche Zeugnisse oder Bestätigungen sorgfältig und ordentlich auszufertigen. Hat man das versäumt, ist auch eine Entschuldigung angebracht, denn man verursachte ja Zeitverlust, Kosten und Ärger.

Es ist verständlich, dass ein «Geschäftsgebahren» wie das beschriebene seine Konsequenzen hat: die Praktikumsstelle muss schon ganz außerordentlich gut sein, wenn man sie ein weiteres mal beansprucht und solchen Ärger in Kauf nimmt.

Ein zweites Beispiel, diesmal zum Innenverhältnis:

Eine Institution, die über Räumlichkeiten verfügt, muss in unserem dicht besiedelten Deutschland abschließbar sein. Lehrer einer Waldorfschule – zum Beispiel – müssen einen Hausschlüssel haben, weil sie oft abends oder am Wochenende in die Schule kommen, wenn der Hausmeister nicht Dienst tut. Wer neu ins Kollegium eintritt, bekommt daher einen Schlüssel, und wenn er wieder aus dem Kollegium austritt, gibt er den Schlüssel wieder ab. Es ist eine Regelung, die praktisch überall genau so gehandhabt wird und die sinnvoll ist.

Gibt ein aus dem Kollegium wieder Austretender seinen Schlüssel beim Ausscheiden nicht zurück, muss man annehmen, dass er das einfach vergessen hat. Derjenige, der für die Schlüsselangelegenheiten verantwortlich ist, wird ihn dann erinnern, er erhält den Schlüssel zurück und damit ist die Angelegenheit erledigt, wenn auch etwas verspätet.

Nun hat aber die Lebenserfahrung gezeigt, dass sogar ein solch alltäglicher Vorgang zu einem ernsten Problem werden kann. Es gibt nämlich Persönlichkeiten, die beim Ausscheiden aus dem Kollegium ihren Schulschlüssel absichtlich nicht abgeben. Er ist für sie weit mehr als ein Arbeitsgerät für die Berufsausübung. Durch die Abgabe dieses Schlüssels fühlen sie sich aus «ihrer» Schule ausgeschlossen, der sie doch ihre ganze Arbeit seit Jahren oder Jahrzehnten gewidmet haben.

Es hat in dieser Angelegenheit schwierige Gespräche gegeben. Je nach Temperament wurde der Schulschlüssel dann resigniert zurückgegeben – oder aber auch nicht. Immer aber gab es Verstimmungen, auf beiden Seiten.

Die Verstimmungen liegen auf der seelischen Ebene. Obwohl sie sehr bedauerlich sind, ist ernster, was sich auf der geistigen Ebene abgespielt hat: eine Verkennung des Freiheitsbegriffes – und eine Verkennung des Rechtsbegriffes. Die Freiheit, die im Geistesleben herrschen soll, liegt nicht darin, im äußerlichen Sinne irgendwo frei ein- und ausgehen zu können. Sich «die Freiheit zu nehmen», einen Schlüssel zu behalten, für dessen Besitz keine sachliche Rechtfertigung besteht, bedeutet, Freiheit im Rechtsleben zu praktizieren; es ist ein Akt von Selbstjustiz.

Man kann natürlich die Auffassung vertreten, solche Verstimmungen sollte man vermeiden und auf ein allzu striktes Durchsetzen einmal gefasster Prinzipien verzichten. Man solle also den ehemaligen Lehrern ihre Schlüssel belassen, wenn ihnen deren Besitz so wichtig sei, und darauf vertrauen, dass sie keinen Missbrauch treiben; schließlich gebe es doch wichtigere Dinge.

Das kann man gut verstehen, und genau so werden sich solche Vorgänge ja auch meist abspielen: aus lebensklugem Pragmatismus heraus. Das kann auch gut gehen, zumal die aus dem Geistesleben begründeten Institutionen ja meist von überschaubarer Größe sind, jeder jeden kennt und etwa entstehende Schwierigkeiten menschlich aufgefangen und aus der Welt geschafft werden können.

Versucht man indessen, die Gesetzmäßigkeiten aufzuspüren, die dem Zusammenwirken der drei Bereiche des sozialen Organismus zugrunde liegen, dann wird man dieses Schlüsselbeispiel als *Beispiel* werten, das man beliebig durch andere ersetzen könnte. Gerade im Geistesleben, in dem so viele freiheitliche Persönlichkeiten arbeiten, ist es beinahe an der Tagesordnung, dass «man» sich kleinere Freiheiten gegenüber der Gemeinschaft herausnimmt. Jedes solche Vorkommnis ist vielleicht klein und unbedeutend und kann aufgefangen werden von einzelnen Anderen oder von der Gemeinschaft. Zusammengenommen aber können viele solche Kleinigkeiten das Arbeitsklima schwer belasten. Das kann bis hin zur Paralysierung der Arbeits- und Lebensfähigkeit einer solchen Institution gehen. Aber auch da, wo sie überlebt, werden unermessliche Kräfte mit dem unentwegten Auffangen, Ausgleichen, Gut-Zureden, Ausbügeln der tausend kleinen Egoismen verbraucht, die an anderer Stelle: bei den sogenannten wichtigeren Angelegenheiten, dann fehlen.

Bedenkt man das, gewinnt ein solches Beispiel wie das mit dem Schulschlüssel den Charakter eines Problemes «in nuce». Das soll heißen: hier zeigt sich im Kleinen einer Institution, was im Großen des gesellschaftlichen Ganzen immerfort die größten sozialen Schwierigkeiten schafft, nämlich das illegitime Hineinragen eines Gebietes mit seinem Prinzip in die anderen, in denen andere Prinzipien herrschen müssen. Man könnte auch vergleichend sagen: ein paar Eiterbeulen sind nicht schlimm, man kann sie negieren. Richtig ist es aber doch wohl, wenn immer neue entstehen, die Furunkulose zu erkennen und zu behandeln.

Sich betrachtend und denkend, beurteilend und handelnd im Kleinen zu üben, schafft die Voraussetzungen dafür, später einmal auch im Großen richtig gestalten zu können. Hier liegt eine wichtige Schulungs- und Trainings-Chance!

Im umgekehrten Sinne kommt uns die Vermischung der beiden Bereiche mit ihren Prinzipien sehr viel stärker zum Bewusstsein, wenn also der Rechtsbereich mit seinem Gleichheitsprinzip in den Bereich des Geisteslebens dominant einwirkt. Hierfür wieder nur ein Beispiel; ein Teil des Rechtslebens ist der Strafvollzug mit seinen Gefängnissen:

> «Das Gefängnis beraubt den Menschen nicht nur der Freiheit, es sucht ihm auch die Identität zu nehmen. Jeder trägt die gleiche Kleidung, isst das gleiche Essen, hält sich an den gleichen Tagesablauf. Ein Gefängnis ist per Definition ein rein autoritärer Staat, der keinerlei Unabhängigkeit oder Individualität toleriert. Als Freiheitskämpfer und als Mensch hat man anzukämpfen gegen den Versuch des Gefängnisses, dem Häftling diese Eigenschaften zu rauben.»

Der dies schrieb, weiß, wovon er spricht – nach 27 verbüßten Jahren seiner lebenslangen Haftstrafe (1963-1990) als politischer Gefangener: es ist Nelson Mandela in seinem Buch *Der lange Weg zur Freiheit* (S.448).

Die Gleichheit, die im Rechtsleben oberstes Prinzip und Ideal ist und sein muss, ist die Gleichheit vor den Gesetzen. Wird den Menschen, auch den Verurteilten, ihre Identität streitig gemacht, wird dieses Gleichheitsprinzip auf dem falschen Gebiet angewandt. Man verwechselt die Tat mit dem Täter. Das Verfahren ist nicht nur den gesellschaftlichen Gesetzen von Rechtsleben und Geistesleben zuwider, es ist sogar kontraproduktiv. Geht man nämlich davon aus, dass der Strafvollzug eine Besserung des Verurteilten bewirken soll, dann muss man sich gerade an den Menschen selbst wenden, an die Individualität. Wird der Häftling als Nummer betrachtet und behandelt, wird eine Resozialisierung wohl kaum eintreten.

In den beiden Beispielen zum Außen- und zum Innenverhältnis einer Institution des Geisteslebens werden die Ideale der Freiheit und der Gleichheit falsch angewendet. Sie zeigen, dass die Gedankenklarheit Rudolf Steiners uns viele verfahrene und verworrene Verhältnisse durchschauen lässt, gegen die wir uns zunächst gefühlsmäßig wenden. Es ist wichtig, aus neuer Einsicht berichtigte Empfindungen zu erüben.

Leider treten vergleichbare Fälle häufig auf, weil die Prinzipien Freiheit und Gleichheit eine starke Sogwirkung haben. Sich in diesen Sog nicht hineinziehen zu lassen, erfordert klare Erkenntnis der Gesetzmäßigkeit des sozialen Organismus.

Die Gesetzmäßigkeit lautet: Die Gleichheit, also das Prinzip des Rechtslebens im dreigliedrigen sozialen Organismus, wirkt auch dann, wenn dieses System in das System des Geisteslebens hineinragt. Die Gleichheit wird dort dann gewissermaßen «Arbeitsprinzip», ohne dadurch die Freiheit des Geisteslebens aufzuheben.

Ganz entsprechend ist es in allen drei Bereichen des sozialen Organismus, denn sie berühren und durchdringen sich gegenseitig immerfort. Man könnte auch sagen: Jedes der drei Gebiete ist in sich wiederum dreigegliedert. Die Ideale dieser drei Gebiete treten in den anderen Gebieten auch dort auf, wo sie entsprechende Teilgebiete bilden; sie werden dann Arbeitsprinzip in diesen Teilbereichen.

In der Frage des «richtigen Umganges miteinander» ragt das Rechtsleben in das Geistesleben – und natürlich ebenso auch in das Wirtschaftsleben – hinein und verlangt dann bei entsprechenden Vorgängen das Prinzip der Gleichheit.

Nun möchte ich ausdrücklich betonen, dass niemand bloßgestellt werden soll; die Kritik liegt nicht auf der persönlichen Ebene.

In beiden geschilderten Fällen rebelliert unser Rechtsempfinden, unser Sozialinstinkt.

Die Juristen haben den Begriff der «Guten Sitten». Obwohl deren Definition nicht ganz leicht ist, wissen wir doch alle, was gemeint ist – wenigsten «so in etwa». Die «Guten Sitten» lernte man früher im Elternhaus, in der Schule, in der Lehre, also sehr früh. Man lernte sie von Menschen, die sie ihrerseits in ihrer Kindheit gelernt hatten. Sie hatten diese Konventionen aber selbst oft auch nicht «verstanden» – das zeigte sich in den Antworten, die sie den nachfragenden Kindern gaben: «Das macht man eben nicht!» «Das wird halt so gemacht, basta.» Oder: «Des hat scho' der Ehne so g'macht und der hat g'wusst warum.» Unbefriedigend für den Intellekt des Kindes, aber wohltuend für seine Moral.

Solche Erziehung hat aufgehört zu existieren, sowohl in den Elternhäusern als auch in den Betrieben. Besonders jungen, aufgeklärten Eltern sträuben sich die Haare. Man will erklären, nicht befehlen. Und wo man nicht erklären kann, lässt man auch das «befehlen», weil man ehrlich sein will, weil man keine «Neurosen erzeugen will». Darüber kann man verschieden denken; eingetreten ist dadurch aber eine große Verarmung, ein Verlust von Konventionen im Umgang miteinander. Was man früher «Kinderstube» genannt hat, besitzt heute Seltenheitswert. Das festzustellen bedeutet nicht, konservativen Grundüberzeugungen das Wort zu reden. Im Gegenteil! Das Aufgeben unverstandener Maximen hat ja auch etwas Positives, Befreiendes. Aber an die Stelle der alten, unverstandenen Umgangsformen müssen neue treten aus einem neuen Verständnis des Sozialgefüges. Alte Sozialinstinkte müssen durch neue ersetzt werden.

Die Tatsache, dass wir am Ende des zweiten christlichen Jahrtausends nicht mehr wissen, welchen Sinn es hatte, jahrhundertelang die Kinder z.B. dazu anzuhalten, einem alten Menschen ehrerbietig zu begegnen, kann für sich genommen nicht besagen, dass eine solche Konvention keinen Sinn hatte. Man könnte jetzt viele solcher «Anstandsregeln» sammeln und durchdenken. Man würde finden: Diese Regeln waren Einführungen in das Rechtsleben! Sie waren Heilmittel im menschlichen Miteinander; sie waren Erziehung, und mit ihnen entstand soziale Kultur. Ein wichtiger Kulturfaktor war die Mutter. Wo Familien- und Sippenbande aufgelöst werden, geht diese Kultur verloren. Dabei ist es gleichgültig, ob diese Auflösung durch brutale kriegerische, also ungewollte Ereignisse eintritt oder durch Ehescheidung und Berufstätigkeit der Mutter, also durch selbstgemachte Ereignisse – der Verlust entsteht in beiden Fällen. Und wenn nun nicht aus einem neuen Verständnis der Gesetzmäßigkeiten des sozialen Organismus neue Werte und neue Umgangsformen entstehen – es können auch die alten sein, die man neu verstanden hat! – dann macht sich in dem entstehenden Vakuum ein Abgrund ungeläuterter menschlicher Seelenkräfte breit. Das erleben wir heute, auch in der Kinderkriminalität.

Die «Guten Sitten»: Man kann nun fragen, und man sollte diese Frage stellen, wie es eigentlich kommt, dass eine solche Umgangsregel wie das ehrerbietige Grüßen der «Alten» sich über die ganze Erde hin findet, in allen Kulturen, unabhängig von den Rassen oder den Religionen. Hier an Zweckmäßigkeit, an Machtdurchsetzung oder womöglich an Zufall zu denken, ist einfach zu schlicht und wird dem Ernst wahrer Erziehung nicht gerecht. Wenn wir uns den Blick nicht von solchen Primitivismen verstellen lassen, entdecken wir, dass wir hier in die Sozial-Werkstatt des Wesens Menschheit blicken. Dieses Wesen musste seinen Organismus bauen. Noch waren die einzelnen Menschen nicht so weit, dass *sie* das tun konnten, sie mussten erst dafür geschult und vorbereitet werden. Dazu diente das, was wir die Sitten nennen. Im Laufe von Jahrtausenden wurden sie gepflegt, und sie wurden zu Instinkten.

Diese Weltenzeiten sind abgelaufen:

«Die gegenwärtige geschichtliche Menschheitskrisis fordert, dass gewisse *Empfindungen* entstehen in *jedem einzelnen Menschen*, dass die Anregung zu diesen Empfindungen von dem Erziehungs- und Schulsystem so gegeben werde, wie diejenige zur Erlernung der vier Rechnungsarten. Was bisher ohne die bewusste Aufnahme in das menschliche Seelenleben die alten Formen des sozialen Organismus ergeben hat, das wird in Zukunft nicht mehr wirksam sein. Es gehört zu den Entwicklungsimpulsen, die von der Gegenwart an neu in das Menschenleben eintreten wollen, dass die angedeuteten Empfindungen von dem einzelnen Menschen so gefordert werden, wie seit langem eine gewisse Schulbildung gefordert wird. Dass man gesund empfinden lernen müsse, wie die Kräfte des sozialen Organismus wirken sollen, damit dieser lebensfähig sich erweist, das wird, von der Gegenwart an, von den Menschen gefordert. Man wird sich ein Gefühl davon aneignen müssen, dass es ungesund, antisozial ist, *nicht* sich mit solchen Empfindungen in diesen Organismus hineinstellen zu wollen.»

Rudolf Steiner, Die Kernpunkte der sozialen Frage (Seite 42/43)

und:

«... mit Bezug auf die Betrachtung und namentlich das Wirken des sozialen Organismus kann man nicht warten. Da muss nicht nur bei irgend welchen Fachmännern, sondern da muss in jeder Menschenseele – denn jede Menschenseele nimmt teil an der Wirksamkeit für den sozialen Organismus – wenigstens eine instinktive Erkenntnis von dem vorhanden sein, was diesem sozialen Organismus notwendig ist.»

Rudolf Steiner, Die Kernpunkte der sozialen Frage (Seite 41)

Damit wir in Anbetracht dieser unerhörten Forderungen, wie sie Rudolf Steiner formuliert, nicht gelähmt werden (im Sinne Goethes: «Wir wandeln gerne im Angesicht der Berge auf der Ebene dahin!»), möchte ich nun schildern, wie das Kollegium der Freien Waldorfschule am Kräherwald versucht hat, seinen Beitrag in dieser Frage zu leisten.

Die Form der Selbstverwaltung der
Freien Waldorfschule am Kräherwald,
Stuttgart

Wir hatten gesehen, dass jede Institution, also jede juristische Person, kaum dass sie in einem der drei Gebiete des sozialen Organismus entstanden ist, sofort auch in die beiden anderen Gebiete hineinreicht. Die drei Gebiete des sozialen Organismus durchdringen sich in jeder juristischen Person ebenso wie sich die drei Bereiche des natürlichen Lebens in jedem natürlichen Individuum durchdringen.

Bei dieser Durchdringung gilt nun unverändert, dass die drei Ideale der Französischen Revolution oberste Prinzipien sind: in den Institutionen des Geisteslebens die Freiheit, in denen des Rechtes die Gleichheit, in denen der Wirtschaft die Brüderlichkeit. Die Bindung dieser Ideale an die Systeme ist dabei *funktionell*, nicht *konstitutionell*. Das Rechtssystem «nimmt sein Gleichheitsprinzip mit», wo es zum Beispiel in eine Institution des Geisteslebens hineinragt; die Gleichheit wird dann Arbeitsprinzip bei allen Rechtsfragen innerhalb dieser Institution des Geisteslebens.

Es ist also nicht so, dass das Freiheitsprinzip in einer Institution des Geisteslebens sich auch der Rechtsfragen bemächtigen darf, oder das Gleichheitsprinzip in einer Institution des Rechtslebens sich auch der Fragen der menschlichen Individualität bemächtigen darf, wie oft irrtümlich gemeint wird.

Wir haben an Beispielen herausgearbeitet, wie man sich im rechtlichen Umgang miteinander an verbindliche Regeln halten muss: an Gesetze, an Verträge, an Konventionen, an Sitten. Es gilt dieses auch zwischen Institutionen des Geisteslebens, also in deren Außenverhältnis, und es gilt zwischen Mitarbeitern innerhalb einer Institution, also im Innenverhältnis. Wir sahen das am Beispiel des Briefverkehrs und der Zeugnisse einerseits, am Beispiel ungerechtfertigt einbehaltener Schulschlüssel andererseits.

Dass es hier zu Problemen kommen kann ist zunächst verwunderlich, weil die geschilderten Verhaltensweisen den sog. «Guten Sitten» widersprechen und man die Kenntnis dieser guten Sitten voraussetzen darf (es ergibt sich das aus dem Verhalten bei anderen Gelegenheiten). Beim näheren Eingehen auf das Zusammenspiel der drei Systeme und ihrer Prinzipien wird einem das aber klar: das Prinzip der Freiheit ist mächtig: es übt einen gewaltigen Sog aus und will alles in seinen Einflussbereich hineinziehen. Ein starkes Bewusstsein ist notwendig gerade bei Menschen, die im freiheitlichen Bereiche denkend und empfindend tätig sind, die Freiheit nicht über die ihr zustehenden Grenzen hinauswachsen zu lassen, wo sie nur Unordnung bewirkt. Die Gefahr chaotischer Zustände ist bei Institutionen des Geisteslebens sehr oft zu beobachten: in Künstlervereinigungen, in freien Initiativen wie «Kinderläden» und freien Schulen, kurz dort, wo ein hierarchischer Aufbau fehlt.

Auch das Prinzip der Gleichheit wirkt stark und strebt danach, in den Institutionen des Rechtslebens alles an sich zu ziehen. Wir sehen das in den Gefängnissen, bei Behörden, beim Militär. Alles Individuelle wird nach Möglichkeit nivelliert (Uniformen, Weglassen der Namen, mindestens der Vornamen (statt Ernst Müller und Fritz Müller heißt es dann Müller I und Müller II), eine kahle Raumausstattung, eine öde Verwaltungsarchitektur, kurz: eine «08/15-Zivilisation» ist die Folge.

Dass solche Sogwirkung auftreten kann zeigt, dass die sogenannten «Guten Sitten» selbst da, wo sie noch bekannt sind und geübt werden, keine lebensgestaltende Kraft mehr haben. Die entsprechenden Empfindungen sind verblasst. Eine ironische Veräppelung einer alten Kinderstuben-Lehre zeigt das:

> Mit der Gabel ist's 'ne Ehr',
> Mit dem Löffel kriegt man mehr!

Dass die Gebräuche eine Erziehung zu gesittetem Umgang miteinander waren, ist noch denkbar. Einer besonderen gedanklichen Anstrengung aber bedarf es, den Ursprung der Sitten in der konkreten Wirksamkeit jenes Wesens Menschheit zu sehen, das die Menschen darauf vorbereitet hat, allmählich dem sozialen Organismus die ihm gemäße Struktur zu geben. Wo die alten Sitten verblassen und schließlich verschwinden, vergeht mit der äußerlichen Handhabung auch die innere Einstellung. Nötig ist es deshalb, die alten Sitten zu verstehen, aus neuem Verständnis heraus wiederzubeleben *oder* durch neue Handhabung besseres an ihre Stelle zu setzen.

Nun versuche ich, die Selbstverwaltungsstruktur der freien Waldorfschule am Kräherwald zu skizzieren. Es handelt sich bei dieser Struktur nicht um ein Organisationsschema, auch wenn organisatorische Strukturen deutlich werden. Es sollen vielmehr die Ströme des Bewusstseins nachgezeichnet werden, mit denen die an der Selbstverwaltung beteiligten Menschen die anfallenden Probleme im Sinne der Dreigliederung zu lösen versuchen. Sie arbeiten mit den verschiedenen Seelenkräften, sodass man die Zeichnung (Seite 43) auch ein «Kräfte-Medaillon», ein «Kraftfluss-Polygramm» oder einen «Bewusstseins-Knoten» nennen könnte. Wir wollen versuchen, dieses Gebilde zu lesen.

Die drei Glieder des sozialen Organismus, die selbständig sind, durchdringen sich in jeder einzelnen Institution, so auch hier. Man könnte auch sagen, um es graphisch darstellen zu können, sie bilden jedes eine Art Ausstülpung, und diese drei Ausstülpungen durchdringen sich.

Sie durchdringen sich so, dass immer zwei Gebiete sich zu einer Art «Linse» überlagern. Diese drei Linsen überlagern sich ihrerseits, und dadurch entsteht eine Art dreieckiger Kernbereich oder ein «dreieckiges» Mittelfeld, das allen drei Gebieten angehört. Zwischen den «Linsen» verbleibt jeweils ein Feld, das von den beiden anderen Gebieten nicht überlagert ist.

Dasjenige von diesen drei Feldern, das sich aus dem Geistesleben ausgestülpt hat, könnte man «die Schule im engeren Sinne» nennen. Es ist sozusagen das, was der Schulidee, die der Gründung vorangegangen ist, entspricht. Hier wird der Zweck der Gründungsidee ununterbrochen in die Tat umgesetzt. Hier spielt sich ab, was schulische Pädagogik, was schulische Erziehung ist – zwischen Lehrer und Schüler.

Im zweiten Feld, das aus dem Wirtschaftsleben herausragt, spielt sich etwas anderes ab: Hier wird daran gearbeitet, dass die Erziehungsarbeit, die viele Eltern für ihre Kinder wünschen, auch in die Tat umgesetzt werden kann, dass die Schule und ihre Lehrer leben können, dass Schulräume da sind, dass sie gereinigt, geheizt, beleuchtet, möbliert, ausgestattet sind, dass sie abschließbar sind usw. Hier

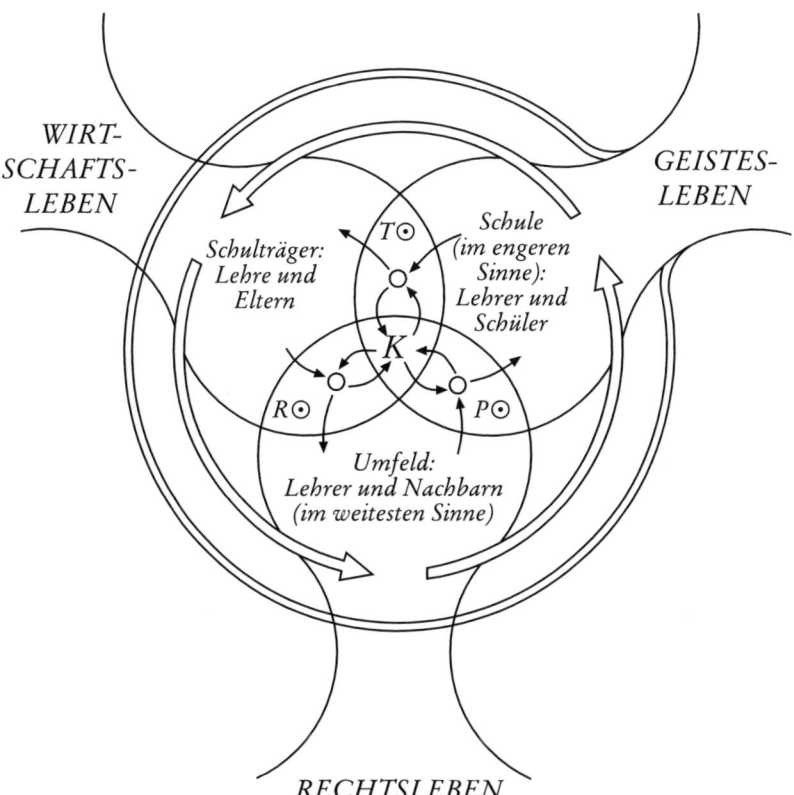

FREIE WALDORFSCHULE
AM KRÄHERWALD
STUTTGART

WIRT-
SCHAFTS-
LEBEN

GEISTES-
LEBEN

Schulträger:
Lehre und
Eltern

T⊙

Schule
(im engeren
Sinne):
Lehrer und
Schüler

K

R⊙

P⊙

Umfeld:
Lehrer und Nachbarn
(im weitesten Sinne)

RECHTSLEBEN

werden also Dinge und Waren, die die Lehrer zur Ausübung ihres «Schule-Haltens» benötigen, aber nicht haben, von den Eltern beschafft, die sie selbst nicht benötigen. Dieses zweite Feld ist der Wirtschaftsträger der Schule.

Die Besonderheit der Schule am Kräherwald ist nun, dass sich der Wirtschaftsträger zugleich auch als Rechtsträger versteht. Er ist ein eingetragener Verein mit der Bezeichnung «Verein der Freien Waldorfschule am Kräherwald, Stuttgart, Rechts- und Wirtschaftsträger der Schule».

Nun sucht man eigentlich einen eingetragenen Verein, also eine juristische Person, nicht im Wirtschaftsleben, sondern im Rechtsleben. Von der Schule aus gesehen ist die skizzierte Zuordnung dennoch richtig: die Eltern kommen zur Schule wegen des Bedürfnisses, ihre Kinder erziehen zu lassen; an der Existenz des Vereines als solchem haben die meisten von ihnen kein Interesse. (Zu den Mitgliederversammlungen kommen gewöhnlich nur etwa 10% der Eltern.) Später werden wir auch den Schulverein betrachten als einer Institution des Rechtsbereiches. Dennoch sei dahingestellt, ob auch eine Organisation denkbar ist, in der wirtschaftliche und rechtliche Aufgaben getrennt wahrgenommen werden.

Während «die Schule im engeren Sinne» als Zusammenschluss von Schüler- und Lehrerschaft einerseits, der Schulträger (Schulverein) als Zusammenschluss von Elternschaft und Lehrerschaft andererseits verständlich sind, bereitet das dritte Feld vielleicht gewisse Verständnisschwierigkeiten. Bedenkt man aber, dass die Schule sich sozial nicht «im luftleeren Raum» befindet, sondern eingebettet ist in ein soziales Umfeld, wird dieses dritte Feld deutlicher. Wen umfasst es? Im weitesten Sinne die Nachbarn; äußerlich-räumlich: die Anlieger des Schulgrundstückes, die Anwohner an den Schulwegen der Schüler, die Fahrer und die anderen Benutzer der Busse und Straßenbahnen, mit denen unsere Schüler fahren, die Herbergseltern von Heimen, in denen Klassen bei Unternehmungen unterkommen, die Privatmusiklehrer, die Behörden, die anderen Waldorfschulen, die anderen Stuttgarter Schulen, deren Lehrer bei uns Prüfungen abhalten, – aber auch mehr innerlich verbundene «Nachbarn»: die Freunde und Bekannten und Verwandten unserer Schüler, – von der Großmutter über den Patenonkel bis zum Sportkameraden im Verein; und endlich «zeitlich versetzte» Freunde und Nachbarn: unsere ehemaligen Schülern, soweit sie nicht schon wieder Schülereltern sind, und unsere zukünftigen Lehrer und Schüler und deren Eltern, die wir vielleicht noch gar nicht kennen. – Man könnte auch kurz gefasst sagen:

– Im ersten Feld wird die Pädagogik vollzogen,
– Im zweiten Feld wird die Pädagogik ermöglicht,
– Im dritten Feld wird die Pädagogik beobachtet.

Betrachten wir das Mittelfeld, dann ist es ein Bild für die Lehrerkonferenz. Die «drei Seiten» verbildlichen dabei, dass sich auch in der Konferenz die Dreigliedrigkeit des sozialen Organismus widerspiegelt. Um die Konferenzarbeit in Übereinstimmung mit den Gesetzen des sozialen Organismus durchführen zu können – das heißt: möglichst richtig! – hat die Konferenzrunde, also das Kollegium, aus sich heraus drei Verwaltungskreise gebildet, denen jeweils drei oder vier Lehrer angehören. Diese Verwaltungskreise haben die Aufgabe, in besonderer Weise das Bewusstsein der Schule als Institution auf die drei Gebiete des sozialen Organismus zu richten. Diese Kreise sind der *Pädagogische Kreis* (P☉), der *Technische Kreis* (T☉) und der *Rechtskreis* (R☉). Fragen und Probleme, die von außen auf die Schule zukommen, oder die sich aus dem Schulalltag ergeben, gehören immer einem der drei Gebiete des sozialen Organismus an, ausschließlich oder schwerpunktmäßig. Diese Fragen werden nun von dem entsprechenden Kreis aufgegriffen. Handelt es sich dabei um Routinefragen, die von einem Beauftragten stellvertretend für das Kollegium erledigt werden können, dann macht der das, und das Gesamtkollegium wird damit nicht weiter betraut, aber es vertraut dem «Sach-Bearbeiter». Handelt es sich aber um wichtigere Angelegenheiten, bereitet der entsprechende Kreis diese für die Beratung und Entscheidung in der Konferenz vor. Im entsprechenden Teil der Konferenz – sie hat die drei Teile «Pädagogische Konferenz», «Technische Konferenz» und «Rechts-» oder «Interne Konferenz», die jeweils von einem Mitglied des entsprechenden Kreises geleitet werden – wird das Problem dann geschildert, es wird beraten und es kommt zu einer Entscheidung (entweder gleich, meist aber erst in einer späteren Konferenz). Die Entscheidung trifft die Konferenz, die Durchführung fällt dann wieder in den Aufgabenbereich des federführenden Verwaltungskreises. Vielleicht wird zur eigentlichen Durchführung ein Einzelner bestimmt – dann handelt er im Auftrag des betreffenden Kreises und dieser Kreis muss die Angelegenheit solange im Bewusstsein behalten, bis der Fall ordnungsgemäß abgeschlossen, abgeheftet und abgelegt ist.

Der «*Pädagogische Kreis*» richtet sein Augenmerk zum Beispiel auf die allgemeine Situation der Gesellschaft: welche Besonderheiten hat der Jahrgang, der die nächsten ersten Klassen bilden wird? Welche Besonderheiten zeigt die «nächste Generation» von Schülern? Welche Veränderungen in bezug auf die pädagogische Arbeit ist dadurch erforderlich? Die Fragen werden, möglichst auf das Wesentliche reduziert, der Gesamtkonferenz vorgelegt. Kommt diese zu dem Entschluss, dass im pädagogischen Alltag oder im Grundkonzept der Schule etwas geändert werden muss, dann fließt dieser Entschluss in die Schule (im engeren Sinne) und wird hier nun verwirklicht.

Einige Beispiele:

Die allgemeine Situation der Jugendlichen macht es von Jahr zu Jahr schwerer, Sinn für die Oberuferer Weihnachtsspiele zu erwecken. Viele Schüler bleiben den Aufführungen einfach fern. Was tun?

Problem verdrängen und alles lassen wie bisher? Besuch der Aufführungen freiwillig machen? Wenn, ab welcher Klasse? oder sollen die Spiele ganz abgesetzt werden, haben sie sich vielleicht überlebt? Oder soll man eine neue Musik wählen? Soll die Kumpanei anders besetzt werden, mit Schülern oder Eltern? Oder sind die Aufführungen einfach nicht gut genug, stimmt die innere Vorbereitung nicht?

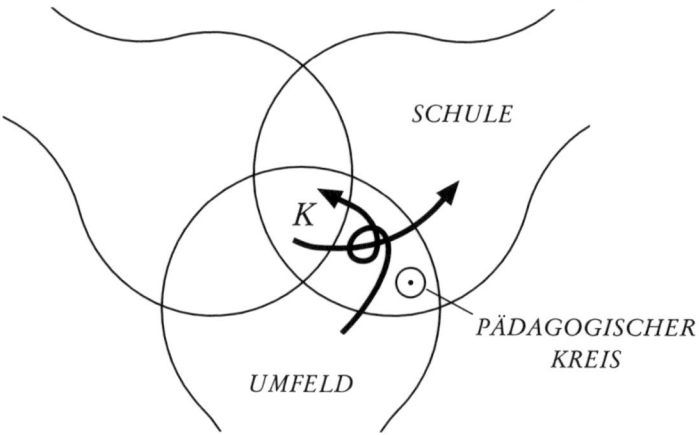

Das Beispiel zeigt, dass alle Lehrer der Schule betroffen sind, also auch mitberaten müssen. Dennoch muss die «Federführung» irgendwo liegen, damit

a) das Problem aufgegriffen wird und nicht nur im privaten Lehrerzimmerplausch bleibt in der bekannten Art: «Man müsste...», und

b) die Schule insgesamt darauf reagiert.

46

Vor Jahren wurde die Mündigkeit auf 18 Jahre vorgezogen. Welche Konsequenzen bedeutete das für die Schule? Wie ist es mit dem Schulbesuch, wer schreibt jetzt im Krankheitsfall die Entschuldigung? Ist vielleicht jetzt ein Schulvertrag mit den Volljährigen nötig? Wie ist es dann mit einer Mitgliedschaft im Schulverein? Dürfen die volljährigen Schüler in die Elternabende kommen?

Dies ist ein Problem, das unnittelbar nur die obersten Klassen betrifft. Dennoch aber ist es wichtig, dass sogar die Kindergärtnerinnen an den Beratungen teilnehmen, um auf dem Laufenden zu sein über das, was sich in der Gesellschaft vollzieht und bei Elterngesprächen zur Sprache kommen kann.

Ein drittes Problem: Was ist eigentlich aus unseren Schülern geworden? Was haben wir bei der Erziehung gut gemacht, was ist uns misslungen? Was müssen wir ändern? Eine Frage, die von so großer Wichtigkeit ist, dass sie wirklich nicht dem «geselligen Zusammensein» bei Ehemaligentreffen allein überlassen bleiben darf.

Probleme, Wünsche, Bedürfnisse des Schulbetriebes: das sind Fragen, die der «*Technische Kreis*» entgegennimmt oder selbst erspäht. Er bereitet ihre Bearbeitung vor, bringt sie in der Technischen Konferenz vor und wenn hier als Ergebnis der Beratungen ein Entschluss fällt, wird dies an den Schulträger weitergereicht, denn meist kostet die Durchführung eines Entschlusses ja Geld, oder es hängen Versicherungsfragen oder andere Rechtsfragen, die es zu klären gilt, an einer Unternehmung.

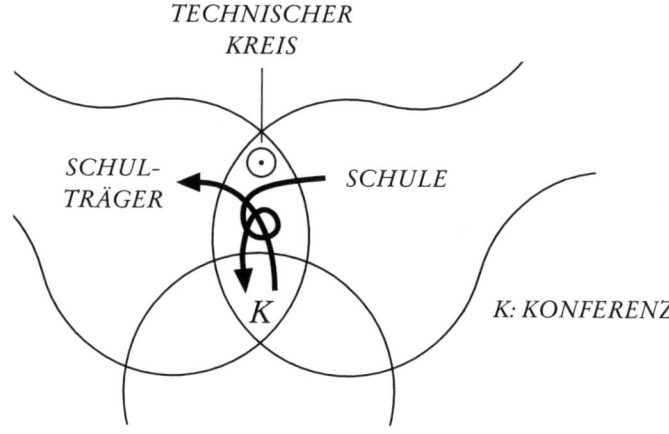

47

Beispiele: Für den Pausenhof soll ein neues Kletternetz angeschafft werden. Niemand wird etwas dagegen haben, es ist nur eine Frage der Kosten. Wenn der Schulverein die nötigen DM 200.– bereitstellt, kann der Plan in die Tat umgesetzt werden.

Für die Oberstufe muss ein neues Mikroskop angeschafft werden. Der Vorgang ist derselbe wie beim Kletternetz, nur kostet das Instrument vielleicht DM 2000.– und die Entscheidung des Schulvereinsvorstandes kann womöglich nicht sofort positiv beantwortet werden. Erst recht kann es vielleicht längere Zeit dauern, wenn neue Schultische nötig werden oder gar eine Turnhalle gebaut werden muss.

Auch ein anderer Fall ist denkbar: wegen zunehmender Verhaltensauffälligkeit der Schüler muss das Kollegium sich entschließen, die Klassenstärken der neuen ersten Klassen zu reduzieren. Das kostet zwar nichts, aber die Elternbeiträge und natürlich auch die Zuschüsse der öffentlichen Hand gehen dadurch zurück – eine Veränderung, die der Schulverein natürlich in Rechnung stellen muss.

Im «*Rechtskreis*» schließlich werden neben Berufungen und Entpflichtungen – Anstellungen und Entlassungen sind dann entsprechend vom Schulverein vorzunehmen – auch Fragen zu besprechen sein, die sich aus der wirtschaftlichen und rechtlichen Seite der Schulexistenz ergeben und die zum Teil neue Gesichtspunkte enthalten können. Das kann sich etwa ergeben bei der Abfassung der Anstellungsverträge, bei der Gehaltsordnung, bei der Altersversorgung, bei einem «Sozialfond» für besondere Notfälle, im Verhältnis zu den Patenschulen, unter Umständen auch im Verhalten zu neuen Gesetzen (Privatschulrecht, Schülerbeförderung u.a.).

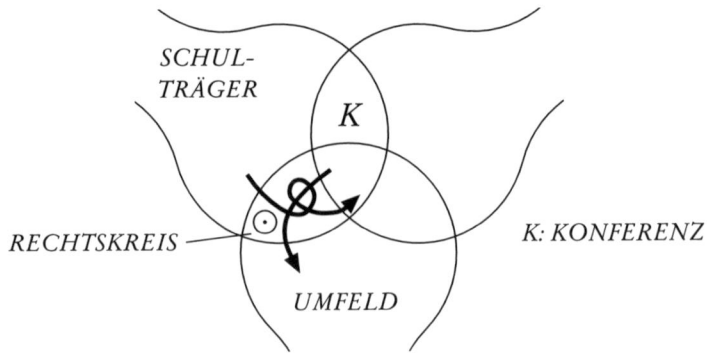

48

Kommt es nach entsprechenden Beratungen zu Beschlüssen, dann wirken neue Rechtsgedanken über den Schulrahmen hinaus in die Gesellschaft: in andere Waldorfschulen, in andere freie Institutionen – und auch darüber hinaus. Vielleicht werden sie andernorts nachgeahmt, vielleicht auch nicht, aber sie werden beobachtet und ernster genommen, als es zugegeben wird; sie wirken jedenfalls bewusstseinweckend.

Betrachtet man den Gang der Problembearbeitungen, denen ja das Bewusstsein der Menschen parallel läuft, dann ergibt sich eine Bewegung, ein Kreisen.

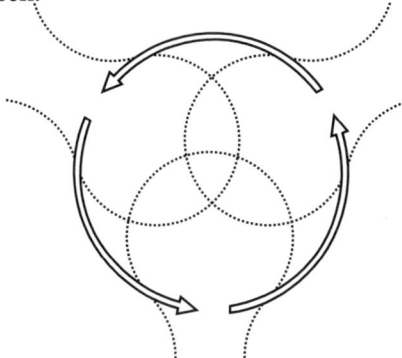

Jede Konferenz hat drei Teile (siehe Seite 45); diese entsprechen den drei Gebieten des sozialen Organismus und in ihnen gelten jeweils deren drei Ideale. Die Konferenzteilnehmer haben dadurch ein kaum ausschöpfbares Übungsfeld in bezug auf die Dreigliederung, wenn sie mit ihrem Bewusstsein die Verwaltungsarbeit so durchführen, wie die organische Struktur (siehe Seite 43) es innerlich verlangt und äußerlich ermöglicht. Allerdings müssen die Konferenzteilnehmer es wollen, und sie müssen es tun, denn von selbst fügt sich die Arbeit keiner Ordnung.

Das muss besonders betont werden. Nicht mit erhobenem Zeigefinger soll beispielsweise darauf hingewiesen werden, dass alle Konferenzteilnehmer pünktlich zu Konferenzbeginn da sein müssen, dass sie am Konferenzgeschehen wach und geistesgegenwärtig Anteil nehmen und nicht nebenher in Gedanken ihren nächsten Unterricht vorbereiten oder Hefte korrigieren, und dass sie alle Teile der Konferenz mitmachen – sondern deshalb muss auf den Willen zur innerlichen und disziplinierten Mitarbeit besonders hingewiesen werden, weil diese organische Arbeitsstruktur eine *dynamische* und keine *statische* ist.

Was ist damit gemeint? In den Institutionen von Staat und Wirtschaft herrscht beinahe immer der pyramidale Aufbau des hierarchischen Prinzips. Was das Bewusstsein innerhalb der Institution betrifft, so ist es stets oben/unten orientiert. Gewiss hat jedes Individuum seinen Entscheidungsspielraum, aber wenn es darauf ankommt, besteht Weisungsrecht und Subordination. Ein solches System ist uralt; es geht auf die alten Großkulturen der vorchristlichen Zeit zurück. Ihr Urbild ist der Schüttkegel oder, ins Großartige gesteigert, die ägyptische Pyramide. So wie ihre (einst) vergoldete Spitze in der Morgendämmerung als erstes im Sonnenlicht erstrahlte, ehe allmählich die sonnenbeschienenen Flächen immer mehr der Erde zuwuchsen, bis die Sonne auch für den letzten Fellachen aufging, so wurde auch der Pharao an der Spitze seines Volkes als erster erleuchtet von der göttlichen Weisheit, und von ihm strömte dieses Weisheitslicht in der Hierarchie der Priester und Verwaltungsbeamten dann allmählich bis hinunter zu den einfachsten Soldaten und Bauern, zu den Frauen, Kindern und Sklaven.

Eine pyramidal aufgebaute Verwaltung ist so stabil, dass sie praktisch nicht umgeworfen werden kann. Das ist ihre *enorme Stärke*. Die Stabilität besteht auch dann weiter, wenn in ihr Versager sind, sogar dann, wenn die Spitze einmal versagt oder fehlt. Statik, Ruhe, Unerschütterlichkeit: für Jahrtausende, und seit Jahrtausenden.

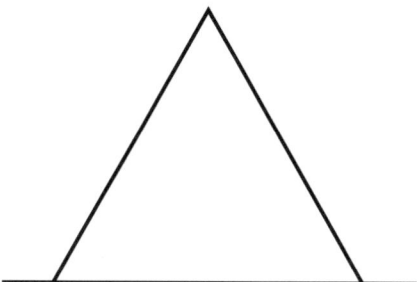

Wie Fossilien aus jenen längst vergangenen Zeiten stehen solche Bewusstseinspyramiden überall bei uns herum, im rechtlich-politischen Bereich, im wirtschaftlichen Bereich, im geistigen Bereich. Wir haben uns so an diese leblose Form der gesellschaftlichen Landschaft gewöhnt! Die Politiker können ohne große Schwierigkeiten daran gehen, eine neue gigantische Verwaltungs- und Bürokratie-Pyramide aufzubauen: die EU, die «Europäische Union».

Heute ist ein Schlachtruf Mode geworden, der allenthalben ausgestoßen wird: «Die andere Seite muss sich bewegen!» Das rufen die Gewerkschaften, die Arbeitgeber, die Politiker von Regierungs- wie Oppositionsparteien. Aber: es bewegt sich nichts. Was soll sich auch bewegen? Man baut ja weiter an Bewusstseins- und Verwaltungspyramiden, im großen wie im kleinen.

Die unerschütterliche Standfestigkeit eines pyramidalen Aufbaues ist heute zu einer *Schwäche* geworden, zu einem tragischen Hemmnis auf dem Weg in eine menschengemäße Zukunft. Was in der Zukunft nötig ist, sind Formen der Verwaltung, die auf das wache Bewusstsein der Menschen angewiesen sind, Formen, die unwirksam werden, wenn die Menschen nicht aktiv dabei tätig sind. Einen «Behördenschlaf» kann die Zukunft nicht mehr gebrauchen. Eine richtige Verwaltung der Zukunft muss *umfallen*, wenn die verwaltenden Menschen nicht wach sind, so wie sein natürlicher Organismus umfällt, wenn der Mensch sein Bewusstsein verliert.

Die angemessene Form für eine solche Verwaltung ist eine genaue Umkehrung der pyramidalen Form, eine Umkehrung des Schüttkegels. Wenn man einen Kegel umkehrt, dann steht er auf der Spitze, d.h. er steht nicht, sondern er fällt um. Was man tun muss, damit er dennoch nicht umfällt, sondern aufrecht stehen bleibt, ist, ihn in Rotation zu versetzen: das Gegenteil des ruhenden Schüttkegels, der Pyramide, ist der tanzende *Kreisel*! Deshalb ist die beschriebene Selbstverwaltung *dynamisch*: nur wenn das Bewusstsein der Konferenzmitglieder immerfort im Sinne der Dreigliederung des sozialen Organismus in Bewegung ist – dynamisch ist, *kraftvoll bewegt* ist – dann steht die Selbstverwaltung, dann ist sie lebensfähig.

Man könnte am Bild des Kreisels Anstoß nehmen: er ist ja sehr materiell und fest. Das stimmt natürlich. Und obwohl das Bild nicht falsch ist, können wir noch ein anderes vor uns hinstellen: Haben wir ein Glas mit Wasser und bringen wir das Wasser durch Rühren in Bewegung, so wird das Wasser – die Materie – durch die Zentrifugalkraft an den Rand des Glases nach außen gedrückt und steigt hier

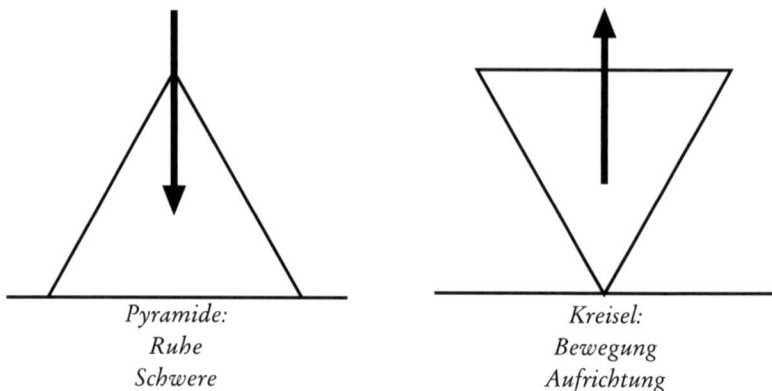

Pyramide:
Ruhe
Schwere

Kreisel:
Bewegung
Aufrichtung

hoch. Gleichzeitig bildet sich im Zentrum der Strömungsbewegung ein wasserfreier Raum, ein Trichter, ein Strudel; in ihm entsteht ein Sog.

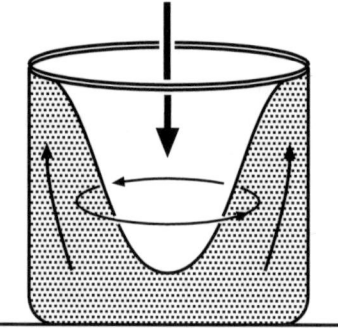

Bei Rotation erhebt sich die Materie und bildet im Trichter
eine Adorationsgebärde: Geistige Substanz kann einströmen

Als in unserer Konferenz über diese Form der Selbstverwaltung zum ersten Mal gesprochen wurde, war einer der Einwände, das Geschilderte könne nur ein «Grundriss» sein, es wäre noch kein Bau. Der Kollege hatte natürlich recht, nur ist das an sich kein Einwand, denn es ist ja immer gut, einen Grundriss zu haben, ehe man mit dem Bauen beginnt. Der Kollege war sich allerdings wohl nicht bewusst, *wie* recht er hatte. Das notwendige Bauen hier ist das Kreisen des Bewusstseins. Das Steigen des Wassers und die Trichterbildung im

Zentrum kann uns erinnern an eine Urgeste: die Schalenbildung unserer Hände am Bergbach, dann die materiell gewordene Schale, der Becher, der Pokal, die halten können, was in sie hineingegeben wird.

Heute stehen in Hunderten von Vereinslokalen Pokale herum. Nur: sie sind allesamt leer. Sie werden vielleicht noch im Augenblick des Überreichens hochgehoben, dann aber nur noch abgestellt und angeschaut; sie sind zum reinen Schein geworden. Vielleicht liegt das ein bisschen auch daran, dass Pokal und Schale selbst ein Bild sind für die alte Gebärde der Adoration, der Anbetung, der Bitte um Hilfe: die Gebärde der erhobenen Hände. Auch sie geriet in Vergessenheit.

Zwei Götter verehren die Sonne
Wandbild, Grab Ramses' VI., Theben, 20. Dynastie, um 1100 v. Chr.
Nach Heinz Demisch: Erhobene Hände. Verlag Urachhaus, 1984.

In unserem Fall gilt die Bitte der Mithilfe am Bau des sozialen Organismus der Menschheit, der Mithilfe der geistigen Welt, und dazu gehören auch die Verstorbenen. Man könnte auch formulieren: Eine moderne Gemeinschaft «betet», indem sie spirituell richtig arbeitet. Das ist die zukünftige Form des mittelalterlichen *ora et labora*, «bete und arbeite». Die richtige dynamische Arbeit auf der horizontalen irdischen Ebene saugt den «vertikalen» Einschlag aus den geistigen Höhen an.

Der Entscheidungsprozess
in der Lehrerkonferenz

Vergegenwärtigen wir uns noch einmal die Selbstverwaltungsstruktur unserer Schule: Die vom Lehrer-*Kollegium* zu bewältigenden Aufgaben werden in der Konferenz bearbeitet. Da die Aufgaben stets einem der drei Gebiete des sozialen Organismus angehören – ausschließlich oder schwerpunktmäßig – ist die Konferenz dreigegliedert in einen pädagogischen, einen technischen und einen Rechts-Teil. Diese drei Konferenzteile werden vorbereitet, geleitet und aufgearbeitet durch die drei Verwaltungskreise «Pädagogischer Kreis», «Technischer Kreis» und «Rechtskreis». Diese Struktur ist durchsichtig und überschaubar. Sie entbehrt jeder geheimnisvollen Klüngelwirtschaft. Das muss deshalb betont werden, weil der dritte Teil der Konferenz noch immer «Interne Konferenz» heißt. Dies ist eine leicht missverständliche Formulierung. Sie soll nur besagen, dass an diesem Konferenzteil nicht alle Lehrer teilnehmen, sondern nur die, die sich entschlossen haben, für längere Zeit an der Schule mitzuarbeiten. Es nehmen also an dieser «Internen Konferenz» *nicht* teil die neuen Lehrer, die in der Probezeit sind; es nehmen nicht die Hospitanten und Praktikanten der Seminare teil, und es nehmen – sicherlich einer nachvollziehbaren Regel des Taktes entsprechend – auch solche Lehrer nicht mehr teil, die ihren Entschluss in der Konferenz mitgeteilt haben, die Mitarbeit an der Schule zu beenden.

Diese Auswahl oder Aussonderung ist sinnvoll, weil zu den Programmpunkten die «Personal»-Fragen gehören, also Berufungen, Entpflichtungen und auch die Beurteilung der Arbeit neuer Kollegen während ihrer Probezeit. Es handelt sich bei der «Internen Konferenz» also nicht um einen Konferenzteil, in dem etwa esoterische oder okkulte Inhalte mitgeteilt werden – viele glauben das – zu deren Entgegennahme man erst «heranreifen» muss. Das sei ausdrücklich betont.

Da der Name «Interne Konferenz» so missdeutbar ist, wurde oft nach einem besseren Namen gesucht, der beschreiben soll, was hier geschieht. Nun gibt es eine Reihe von Schulen, die die Bezeichnung «Schulleitungskonferenz» gewählt haben. Wo diese Bezeichnung der Überzeugung der Lehrerschaft und den Gepflogenheiten ihrer Schulleitung entspricht, liegt ein Irrtum vor, dessen schwerwiegende Folgen man an der Schule ablesen kann. Wird die «Interne Konferenz» nämlich zur Schulleitungskonferenz, dann wird dadurch die «Pädagogische Konferenz» zu einer Art pädagogischer Arbeitsgruppe mit aller Unverbindlichkeit eines solchen Zusammenseins, wie wir ganz am Anfang unserer Überlegungen gesehen haben (s. Seite 30 und die «Technische Konferenz» wird zu einer Art von «Schuhputzen», an dem sich viele vermeintlich echte Geistesarbeiter nicht gerne «die Finger schmutzig» machen.

Die hier gegebene Darstellung hat hoffentlich deutlich gemacht, dass die Leitung unserer Schule durch *die Konferenz wahrgenommen wird, deren drei verschiedene, aber gleichberechtigte Teile den drei verschiedenen, aber gleichberechtigten Bereichen des sozialen Organismus* entsprechen.

Dennoch sieht man auch deutlich, dass die Umgestaltung des sozialen Organismus *nicht damit abgeschlossen* ist, dass man äußerliche Strukturen schafft. Das wäre wiederum statisch gedacht! Es kommt vielmehr darauf an, dass alle Beteiligten die neuen Gedanken leben:

- Aus dem denkenden Bewusstsein müssen die Gesetze und ihr Zusammenspiel erfaßt werden.
- Man muss ein Gefühl für die heilende Wirkung ihrer Anwendung und für das Krankmachende ihrer Nichtanwendung entwickeln, und man muss
- Anwenden, was man verstanden hat und als segensreich empfindet.

«Anwenden» heißt: üben, üben, üben! So intensiv, wie man auch beim Erlernen einer Kunstfertigkeit, eines Sportes übt. Das Können muss nicht nur gesteigert werden, sondern es muss so ganz zum verfügbaren Eigentum werden, dass es *jederzeit instinktiv* zur Verfügung steht. Das Können muss *traumhaft sicher* sein, es muss neuer Instinkt werden. Genau so muss auch im sozialorganischen Prozess geübt werden, damit die neuen Fähigkeiten zu neuen Instinkten werden.

Es sei noch eines hinzugefügt. Das Aufgliedern der Arbeitspunkte in eine Dreiheit birgt natürlich die Gefahr in sich, dass die Bewusstseine der Lehrer zentrifugal zerstieben. Dem wirken drei Einrichtungen entgegen, die nicht unerwähnt bleiben dürfen.

Erstens ist da die zeitlich nur begrenzte Zugehörigkeit zu einem der Verwaltungskreise; sie beträgt etwa drei Jahre. Nach Möglichkeit sollte immer nur *ein* Kreismitglied zur Zeit wechseln. Dadurch kommt «frisches Blut» in den Kreis und doch bleibt die Kontinuität des «Kreisbewusstseins» gewahrt.

Zweitens bilden je ein Mitglied der drei Kreise den sogenannten «Verwaltungsrat». Dieser ist sozusagen «betriebsintern» eine Bewusstseinsklammer. Die Verwaltungsratsmitglieder, die sich wöchentlich treffen, stellen das Konferenzprogramm zusammen und bilden eben eine zentripetale Konsolidierung. Nach außen vertreten sie die Schule, sie unterzeichnen die Zeugnisse für Schüler und ausscheidende Lehrer, nehmen die Post entgegen und verteilen sie funktionsrichtig.

Die Mitgliedschaft im Verwaltungsrat sollte länger – etwa fünf Jahre – andauern, weil es einige Zeit dauert, bis man sich eingearbeitet hat. Wer beim Nachrechnen der Amtsdauern jetzt feststellt, dass das mathematisch so gar nicht «aufgeht» – einer hat das einmal minutiös nachgerechnet – der betrachtet alles starr-mechanisch, nicht organisch-lebendig.

Drittens gibt es die sogenannte «Drei-Kreise-Sitzung» der Mitglieder aller drei Verwaltungskreise. Sie tritt bei Bedarf zusammen, also in unregelmäßigen Abständen. Eine Aufgabe dieses Gremiums besteht zum Beispiel darin, die Bedürfnisse von Ämter-Neubesetzungen mit den Möglichkeiten dazu rechtzeitig in Einklang zu bringen.

Nun wollen wir uns der wichtigen Frage des *Entscheidungsprozesses* zuwenden. Damit wir auch hier den objektiven Gesetzmäßigkeiten auf die Spur kommen, soll wieder ein konkretes Beispiel den Ausgangspunkt bilden.

Mir wurde einmal der folgende Sachverhalt berichtet: Ein Klassenlehrer war gesundheitlich in so schlechte Verfassung geraten, dass er sich dazu durchringen musste, seine Klasse nur noch bis zum Ende des laufenden Schuljahres zu führen. In den Weihnachtsferien fragt er den Kollegen, der zum Schuljahresende seine achte Klasse in die Oberstufe entlassen wird, ob er bereit sei, danach seine dann verwaiste Klasse weiterzuführen. Der sagt zu. Diese Übereinkunft teilen die beiden der Konferenz mit. Ist der Entscheidungsprozess richtig abgelaufen?

Der Vorgang soll Schritt für Schritt verfolgt werden.

Sein gesundheitlicher Zustand veranlasst den erkrankten Lehrer, über die Zukunft seiner Klasse nachzudenken. Er macht sich Sorgen über die möglichst bruchlose Fortführung seiner pädagogischen Arbeit nach seinem Ausscheiden. Man darf annehmen, dass der Lehrer sich diese Sorgen schon längere Zeit hindurch gemacht hat, bis er schließlich handelt.

Es ist positiv zu bewerten, dass er sich diese Sorgen macht. Es ist auch positiv zu bewerten, dass er sich auch für seine Nachfolge verantwortlich fühlt. Er hat zweifellos seit längerer Zeit Umschau gehalten, bis er sich für den Achtklasslehrer entschieden hat. Seine Anfrage an ihn ist also sehr wahrscheinlich nicht spontan, sondern wohlüberlegt geschehen. Positiv ist auch das Bemühen zu bewerten, dass er durch sein Handeln das Lehrerkollegium entlasten wollte: Nachfolgefragen und Neuberufungen sind meist zeitaufwendige Punkte einer Lehrerkonferenz. Im Handeln des Lehrers wird also deutlich, dass er sich nicht nur für seine Klasse, sondern für das Schulleben im weiteren Sinne voll mitverantwortlich fühlte.

Dennoch müssen Einstellung und Handeln des Erkrankten kritisch betrachtet werden, und zwar gerade unter dem Gesichtspunkt der kollegialen Schulleitung, die der Lehrer anerkennt und für die er durch sein Handeln seinen Teil übernehmen wollte. Was er sich nämlich nicht klar gemacht hat, ist, dass er – ohne Absicht – in dem Augenblick unkollegial gehandelt hat, in dem er seinen Lehrerkollegen ansprach. Er wird dem entgegenhalten, dass er ja nur gefragt habe, dass die letzte Entscheidung ja selbstverständlich bei der Konferenz liege und dass er dieser nicht vorgegriffen habe. Das hat er aber doch getan: der gefragte Kollege – auch er in diesem Fall ein Mitglied des Kollegiums – wurde vorab informiert, machte sich vorab seine Gedanken und richtete sich innerlich auf die neue Aufgabe ein, die zu übernehmen er sich bereit erklärte. Dass damit Fakten geschaffen wurden, die der Lehrerkonferenz eine andere Entscheidung zwar nicht unmöglich, aber sehr schwer machten, ist beiden Lehrern entgangen.

Es ist doch möglich, dass das Gesamtkollegium zu einer anderen Entscheidung in dieser Sache kommt, etwa auf Grund von Ansichten oder Einsichten, die der Erkrankte und der Gefragte nicht haben, vielleicht gar nicht haben können. Folgendes wäre denkbar:

1. Für das Kollegium kommt mehrheitlich der gefragte Lehrer nicht in Betracht, weil gerade er eine andere vakante Aufgabe übernehmen sollte.
2. Das Kollegium hält mehrheitlich den gefragten Lehrer nicht für die beste Lösung zur Weiterführung der verwaisten Klasse. Hierfür können die unterschiedlichsten Gründe vorliegen; zum Beispiel würde er vielleicht eine vorliegende Einseitigkeit des Erkrankten verstärken.
3. Das Kollegium will – wieder mehrheitlich – die Zusammenarbeit mit dem Gefragten überhaupt nicht fortsetzen, oder es ist sich noch nicht darüber im klaren, ob es sie fortsetzen will.

Auch noch andere Gründe sind denkbar, die gegen die Übernahmelösung der Beiden sprechen. Alle Gründe hätten vor Eintritt in ein Personalgespräch geklärt werden müssen. Wenn einmal Namen genannt sind, ist es sehr viel schwerer, in der Sache weiterzukommen: der Gefragte wird leicht alle Gründe, die *für* eine andere Besetzung sprechen, als *gegen* sich gerichtet auffassen; vielleicht wittert er vorgeschobene Gründe. Misstrauen regt sich, das schwer oder gar nicht wieder abgebaut werden kann, besonders dann, wenn noch Ungeschicklichkeiten in der Wortwahl, in der Ausdrucksweise, in der Reihenfolge oder Gewichtung der Argumente dazukommen, oder wenn sich andere unglückliche Zufälligkeiten einstellen, was oft der Fall ist. Es treten Verstimmungen auf, vielleicht gar Verletzungen; es wird ein unnötiger Kräfteverschleiß eintreten; häufiger als man denkt kommt es zu Parteibildungen oder bereits vorhandene Gräben zwischen «Lagern» vertiefen sich.

All das haben natürlich weder der Erkrankte noch der Gefragte gewollt. Sie werden das Zustandekommen solcher Schwierigkeiten daher auch nicht auf ihr Handeln zurückführen, sondern die Ursachen bei den anderen suchen. Es macht die Gesprächssituation auch nicht leichter, wenn «die anderen» nur emotional reagieren, d.h. aus einem richtigen Empfinden vielleicht, aber ohne klares Durchschauen der notwendigen Einzelschritte des Entscheidungsprozesses. Ohne einen solchen klaren Durchblick können dann die vorgebrachten Argumente auch nicht überzeugen und können folglich auch nicht anerkannt werden. Die Ebene der Meinungen wird dann im Gespäch nicht verlassen, dieses verharrt im Felde hin und her wogender Empfindungen, die der Verstand scharfsinnig hier so, dort eben anders begründet: man bleibt in der Gemüts- oder Verstandesseelenebene.

Natürlich kann man sagen, dass der Erkrankte die Verhältnisse der Schule so gut kennt und die Sache so gut vorbedacht hat, dass er die beste Lösung gefunden hatte, dass auch das Kollegium keine bessere hätte finden können; er hätte also der Lehrerkonferenz in dankenswerter Weise Zeit und Arbeit erspart. Wenn ein solcher Fall eintritt, ist es vom Ergebnis her gesehen schön – aber man sollte sich hüten, darin ein Muster für den richtigen Entscheidungsablauf in einer Gemeinschaft zu sehen. Der Zweck heiligt nicht die Mittel!

Der Entscheidungsprozess der Gemeinschaft

Der sich verantwortlich fühlende Erkrankte *hat so gehandelt, wie ein allein stehender Selbständiger gehandelt hätte.* Er hat sich nicht klar gemacht, dass die Frage seiner Nachfolge nicht mehr ihn allein angeht, nicht mehr nur von ihm zu verantworten ist und daher auch nicht nur von ihm bedacht werden muss. Die Entscheidung über seine Nachfolge wirkt sich in einen Zeitraum hinein aus, in dem der Erkrankte gar nicht mehr aktiv im Kollegium mitarbeitet; er gehört also nicht mehr zu denen, die dann die Verantwortung zu tragen haben. *Das Kollegium hat daher die Entscheidung über die Nachfolge nicht nur zu bestätigen, sondern in vollem Umfang herbeizuführen.*

Die Sache ist so schwierig, weil der Erkrankte ja gerade bestrebt war, aus Verantwortung zu handeln! Und doch: er muss einsehen, dass es etwas anderes ist, ob er eine Entscheidung *als Einzelner für sich zu treffen hat oder als Mitglied eines Kollegiums für einen größeren Menschenkreis.*

Als Mitglied des Kollegiums ist er einer von *vielen Gleichen*. Die Voraussetzung für eine solche Gleichheit ist der *gemeinsame Informationsstand* als Grundlage für eine sachgerechte Beurteilung des Problems sowie für Beratung und Entscheidung. Es ist daher zunächst die Aufgabe des Erkrankten, seine Kollegen auf den Wissens- und Kenntnisstand zu bringen, auf dem er selbst steht, er muss das Problem klar umreißen:

Zeitpunkt seines Ausscheidens; besondere Situation seiner Klasse (Schwierigkeiten, Begabungen, besonderes Klassenschicksal durch Lehrer wechsel, durch besondere Elternsituation; was hat er in der Klasse erreicht – vielleicht hat er besondere Schwerpunkte gesetzt –, was hat er etwa nicht erreicht; was hat er sich noch besonders vorgenommen und warum, usw.)

Durch diese Darlegung muss die entscheidungspflichtige Lehrerkonferenz in die Lage versetzt werden, möglichst vollständige Klarheit über den Fall zu bekommen, den es zu entscheiden gilt. *In dieser Phase darf noch gar kein Name fallen, und es braucht auch noch keiner genannt zu werden.*

Erst dann, wenn die gesamte Rechtskonferenz («Interne Konferenz») gewissermaßen offiziell ins Bild gesetzt ist, kann damit begonnen werden, an die Lösung des Problems zu gehen. Es kann jetzt zum Beispiel der Erkrankte gefragt werden, ob er einen Lösungs- oder Besetzungsvorschlag machen wolle, und dieser kann nun seinen Wunschkandidaten nennen. Es ist allerdings durchaus möglich, dass er das nicht tut, weil ihm durch die umfassende Darlegung der Situation, vielleicht auch durch Fragen in der Konferenz und durch das Konferenzgespräch klar geworden ist, dass seine vorgesehene Lösung nicht die beste darstellt. Im Hin- und Herschwingen der Argumente, im Für und Wider der einzelnen Lösungsvorschläge spricht sich deutlich *der Lebensbereich einer Gemeinschaft Gleichgestellter* aus. Das Gespräch kann bei aller Offenheit jetzt eigentlich von niemandem als ehrenrührig empfunden werden, wenn eine wirklich gut fundierende Information zuvor stattgefunden hat; es kann dann sehr fruchtbar sein.

Irgendwann wird man sich auf eine Lösung, also auf einen Namen geeinigt haben: die Phase der Beratung ist abgeschlossen.

Der Beschluss muss nun durchgeführt werden, d.h. der Erwählte muss gefragt werden, ob er seiner Wahl zustimmt. Es ist im Grunde nicht entscheidend, wer das übernimmt, der Konferenzleiter oder ein für Besetzungsfragen generell Beauftragter oder irgend ein anderes Mitglied des Kollegiums. Allerdings sollte es nicht gerade der *allernaivste Tollpatsch* sein, der nun mit dem Erwählten spricht. Es kann ja durchaus sein, dass der Angesprochene zu dem Angebot nicht sofort «Ja!» und «Amen!» sagt, sondern noch Bedenken und Nachfragen hat oder Bedingungen stellt. Es kommt also zu einem Gespräch oder zu mehreren, in deren Verlauf die Vorstellungen von Kollegium und «Auserwähltem» aufeinanderstoßen und aufeinander abgestimmt werden müssen. Der Verhandlungsführer des Kollegiums muss also in der Lage sein, diese Verhandlungen im Sinne der Sache gut zu führen.

Nehmen wir an, die Verhandlungen führen zu einem positiven Ergebnis, dann ist der Entscheidungsprozess im wesentlichen abgeschlossen. – Können wir nun rückblickend übergeordnete Gesetzmäßigkeiten im Prozess erkennen?

Für den erkrankten Lehrer steht am Beginn ein gesundheitliches Faktum, das er erkennen, also denkerisch erfassen muss. Es schließt sich eine Phase des Überlegens, des Abwägens an, des Mit-sich-zu-Rate-Gehens, ehe schließlich ein Entschluss in ihm reift, den er in die Tat umsetzt: er informiert die Konferenz.

Für die Konferenz ist diese Information ein Faktum, das sie als Gremium erkennen und denkerisch erfassen muss. Es kann an der Tatsache so wenig ändern wie der erkrankte Lehrer, es muss sie aber so genau wie möglich erfassen. Dann kann im Konferenzgespräch die Beratung beginnen, das Vorschlagen und Verwerfen, das Verändern und Neuvorschlagen, eben das Sich-Beraten, ehe auch hier ein Entschluss gefasst wird, der dann in die Tat umgesetzt wird.

Man könnte in beiden Fällen die erste Phase «Erkenntnisphase» nennen, die zweite «Beratungsphase», die dritte «Tatphase».

Ist in der ersten Phase das Denken, in der letzten der Wille besonders angesprochen, so ist es in der mittleren Phase der mittlere Mensch mit seinem Fühlen. Natürlich darf es sich hier nicht um Gefühlsduselei und Sentimentalität, um emotionales Ausleben handeln. Notwendig ist eine objektive Herzhaftigkeit, die möglichst viele Bereiche einbezieht und gegeneinander abwägt. Damit dies möglich wird, ist größtmögliche Klarheit in der Erkenntnisphase wünschenswert; keine Fakten sollten dabei, aus welchen Gründen auch immer, verschwiegen, unvollständig oder geschönt mitgeteilt werden – es muss «alles auf den Tisch», was für die Lösung von Bedeutung sein könnte.

Betrachtet man den Entscheidungsprozess noch weiter bis hin zur Lösung des Problems, dann muss man den Blick auch auf denjenigen richten, auf den sich die Konferenz als Nachfolger für den Ausscheidenden geeinigt hat. Wenn ihn der Ruf des Kollegiums erreicht, ist das für ihn ein gegebenes Faktum. Er muss dies zunächst zur Kenntnis nehmen und nach Umfang, Schwierigkeit, nach den Anforderungen möglichst klar durchdenken. Ist die Mitteilung der Schule nicht klar genug formuliert oder hat er noch spezielle Fragen, so muss er nachfragen.

Streng genommen kann er erst jetzt an sich selbst die Frage richten, wie er zu der Anfrage steht, ob er glaubt, die Aufgabe meistern zu können, welche Bedeutung die Klassenübernahme für sein Leben, für seine Pläne, für seine Familie hätte. Erst nach reiflichem Abwägen aller «Für» und «Wider» wird er seine Entscheidung treffen und sie der Schule mitteilen.

Man sieht deutlich: auch er durchläuft die Dreiheit von «Erkenntnisphase», «Beratungsphase» und «Tatphase» – und zwar selbst dann, wenn er als Mitglied des beratenden Lehrerkollegiums dessen drei Phasen des Entscheidungsprozesses vollständig mitgemacht haben sollte. Wieder zeigt sich dabei, dass ein grundsätzlicher Unterschied besteht zwischen einem Entscheidungsprozess, der sich auf einen selbst bezieht und einem solchen, der eine Gruppe betrifft, der man angehört.

Selbst wenn das denkerische Erfassen und das gefühlsmäßige Abwägen mitunter ein wenig durcheinanderwogen – im Einzelnen sowohl wie im Konferenzgeschehen – so handelt es sich doch bei dem ganzen Entscheidungsprozess erkennbar um eine Dreiheit, im Falle unseres Beispiels um eine dreifache Dreiheit von Schritten.

Ein Unterschied besteht aber doch zwischen den verschiedenen Dreierschritten. Der Lehrer, der seine Erkrankung wahrnimmt, die Folgen bedenkt und seinen Entschluss fasst, handelt letztlich als Einzelner. Selbst wenn er sich mit anderen berät: die Entscheidung kann ihm keiner abnehmen, er muss sie aus Freiheit selber treffen.

Auch die einzelnen, miteinander ratschlagenden Konferenzmitglieder sind natürlich «freie Geister»; das Konferenzgeschehen als Ganzes aber ist gekennzeichnet durch den Gedanken- und Gefühlsaustausch zwischen den gleichberechtigten Konferenzmitgliedern. Das Austauschen der individuellen Meinungen und Empfindungen, ihr wechselseitiges «Abklopfen» auf Wichtigkeit oder auch Unhaltbarkeit, ihre Beurteilung: dieses ganze Geschehen steht unter dem Ideal der Gleichheit im Sinne von Glelchberechtigung. Gleichgestellte Menschen sprechen miteinander, die unterschiedlichsten Argumente treten zunächst gleichberechtigt nebeneinander. Im gemeinsamen Bemühen stellt sich allmählich heraus, welche Gesichtspunkte für das beratende Kollegium die größte Bedeutung haben und daher die Lösung der Frage bestimmen.

Wieder unter einem anderen Gesetz verläuft der Prozess bei dem Gefragten. Zwar steht auch er als einzelnes, freies Individuum im Entscheidungsprozess wie der Erkrankte. Im Gegensatz zu diesem aber richtet sich seine Zukunft auf die Mitarbeit in einem Kollegium, auf die Zusammenarbeit mit anderen, für oder gegen die er sich entscheiden muss, während der Erkrankte sich gerade aus diesem Kreis zu verabschieden beginnt. Die Entscheidung richtet sich also darauf, ob er das brüderliche, solidarische Element anerkennen und aufnehmen, ob er in die Gemeinsamkeit eintreten will – entweder von aussen neu hinzukommend oder, wenn er schon bisher Kollegiumsmitglied war, doch in neuer Funktion.

Auch das Kollegium blickt auf die beiden Einzelnen in verschiedener Weise: den einen sehen die Kollegen in die Freiheit des Ruhestandes entschwinden, die bisherige Form der Gleichheit mit ihm wird nicht weiterbestehen. Den anderen sehen sie in brüderlicher Weise auf ihren Kreis zukommen mit der Hoffnung, dass er schließlich als ein Gleicher unter ihresgleichen die gemeinsame Arbeit und Verantwortung mittragen werde.

Die Schritte des besprochenen Entscheidungsprozesses seien zum Schluss schematisch zusammengestellt:

I - Einzelner (A)

1) Gegebenes Faktum   Erkenntnisphase (*Denken*)
    (Krankheit) wird erkannt
2) Er geht mit sich zu Rate   Beratungsphase (*Fühlen*)
3) Er fasst einen   Tatphase (*Wollen*)
    persönlichen Entschluss

                      Freiheit

II - Kollegium

1) Gegebenes Faktum   Erkenntnisphase (*Denken*)
    (Entschluss des A)
2) Gemeinsame Arbeit   Beratungsphase (*Fühlen*)
    an der Lösung
3) Gemeinsamer Entschluss   Tatphase (*Wollen*)

                      Gleich-heit

III - Einzelner (B)

1) Gegebenes Faktum   Erkennnisphase (*Denken*)
    (Ruf des Kollegiums)
2) Er geht mit sich zu Rate   Beratungsphase (*Fühlen*)
3) Er fasst einen   Tatphase (*Wollen*)
    persönlichen Entschluss

                      Brüder-lichkeit

Betrachtet man den in der Zeit ablaufenden gesamten Entscheidungsprozess in seinem subtilen Ineinanderspielen der Sphären von Freiheit, Gleichheit und Brüderlichkeit – in den Einzelnen sowohl als in der Gemeinschaft aller Beteiligten – dann wird man in der dreifachen Dreiheit der durchlaufenen Schritte nicht einen Ablauf unnötiger Wiederholungen sehen, sondern einen harmonischen Wachstumsprozess, an dessen Ende eine Entscheidung steht, die als Frucht gemeinsamer Bemühungen wirklich heranreifen konnte.

Man sieht nun auch, was für ein Eingriff in das soziale Leben es bedeutet, wenn der Entscheidungsprozess in der verkürzten Form abläuft, wie es eingangs geschildert wurde. Der Erkrankte hat mit seiner Initiative den Raum seiner individuellen freien Entscheidungen verlassen und hat präjudizierend in den Raum eingegriffen, innerhalb dessen er als einer unter Gleichen einem anderen Gesetz untersteht. Der Gefragte hat mit seiner Zusage ebenfalls den Raum seiner freien Entscheidungen verlassen. Er hat sich in den Bereich brüderlicher Gemeinsamkeit gedrängt, ehe er noch darum gebeten wurde.

Man darf sich nicht blenden lassen davon, dass die Entscheidung hier schon nach kürzerer Zeit zustande gekommen ist. Stellt man in Rechnung, dass sich bei vielen im Kollegium Unmut breit macht wie immer, wenn man das Gefühl hat, übergangen zu werden, Unmut, der sich oft nicht sofort artikulieren kann, der sich aber bei der weiteren Konferenzarbeit als «Sand im Getriebe» erweist und es dann auch bei ganz anderen Problemen «knirschen» lässt und vertrauensvolle Zusammenarbeit stark behindert, dann wurde beim «Kurzverfahren» absolut keine Zeit gespart, vor allem keine Arbeitskraft. Ein in der organischen Abfolge seiner Einzelschritte sich vollziehender Prozess, den jeder Beteiligte voll durchschauen kann, wird über die Sacharbeit hinaus für das Sozialgefüge wohltuend sein und gesundend wirken. Er wird auch erzieherisch wirken, das heißt, das nächste Problem, dem sich die Konferenzgemeinschaft gegenübersieht, wird besser bearbeitet, besser gelöst werden können nach einem erfolgreich durchlebten Lernprozess.

Voraussetzung ist allerdings, dass alle Beteiligten begreifen *wollen*, dass im Leben aller Sozialgefüge Gesetzmäßigkeiten wirken. Man kann sie durchschauen. Es wird in der Zukunft immer wichtiger werden, in Übereinstimmung mit ihnen, nicht gegen sie zu handeln.

Für das Ineinanderspiel der menschlichen Seelenkräfte Denken, Fühlen und Wollen – im Einzelnen wie in der Gruppe – müssen wir nach dem Durchschauen ein Empfinden, ein Gefühl entwickeln; dann wird man allmählich aus neuen, richtigen Instinkten heraus wollen und handeln können.

Natürlich liegt hier eine besondere Aufgabe vor allem für den jeweiligen Konferenzleiter vor. Werden Erkenntnis- und Beratungsphase nicht klar getrennt, kommt es zu endlosem Palavern, bei dem man nicht voran kommt, wohl gar die Tatphase verschläft.

Drängt man zu früh in die Tatphase, ehe Einwände oder auch nur Fragen hinreichend ausgesprochen und geklärt wurden, wird mit Sicherheit das Umsetzen in die Tat von vielen Lehrern nur halbherzig vollzogen, spätere Entscheidungsprozesse werden erschwert, sachliche Differenzen werden zu persönlichen Spannungen und reduzieren Arbeitskraft und Wirksamkeit der ganzen Gemeinschaft.

Fehlt es an der Erkenntnisphase, werden die Beratungen zu emotionalen oder sentimentalen Orgien; die Tatphase kann dann in reinen Aktionismus ausarten Diese Gefahr besteht, wenn junge Menschen zu früh in Verantwortungen hinein gezogen werden. Das macht manchmal die Zusammenarbeit mit Organen der Schülermitverantwortung schwierig, wenn darin Schüler dominieren, die immerfort zu Entscheidungen und Aktionen drängen.

Nicht bei allen anstehenden Entscheidungen vollzieht sich eine *Dreiheit* von Dreierschritten, weil nicht immer persönliche Entscheidungen in die Gemeinschaftsentscheidungen mit hineinspielen. Die Dreiheit von Erkenntnisphase, Beratungsphase und Tatphase liegt aber bei jeder Entscheidung vor, bei Gemeinschaften wie bei Einzelnen. In der Gemeinschaft zu üben, dass und wie diese Phasen voneinander getrennt sein müssen, um dann aufeinander folgen zu können, kann auch für die einzelnen Lehrer hilfreich sein. Sie können es zum Beispiel segensreich üben und vorleben, wenn ein Klassenverband etwas plant: einen Ausflug, eine Geschenkmarkt-Aktivität, eine Weihnachtsfeier oder klassenübergreifend einen Faschingsball oder anderes. Es können die Gesetzmäßigkeiten erübt werden, lange ehe sie von den Kindern und Jugendlichen begriffen werden; so führen sie zu *neuen sozialen Instinkten*. Das ist die Aufgabe des Erziehungswesens, wie es in den Kernpunkten gefordert wird: kein Predigen, kein Reden über die Sache, sondern tun, tun, tun.

Ein Blick auf das Wirtschaftsleben

Alle Menschen gehören ausnahmslos dem Wirtschaftsleben an durch ihre Bedürfnisse an Waren; sie sind von ihrem ersten Lebenstage an bis zu ihrem letzten Konsumenten.

Wenn wir als Konsumenten auf «die Wirtschaft» sehen, dann stellt sie sich uns zunächst dar als der Bereich, in dem das produziert wird, was wir konsumieren: in der Land*wirtschaft* werden die Nahrungsmittel erzeugt, in der Forst*wirtschaft* (zum Beispiel!) die Weihnachtsbäume, in der Bekleidungs*wirtschaft* unsere Bekleidung und so fort. Was wir zwecks Verbrauch einkaufen, erwerben wir aber meist nicht beim Hersteller, sondern auf dem Markt oder in Geschäften, also bei Händlern. Wir können damit zunächst zusammenfassend sagen: Die Wirtschaft umfasst die Herstellung von Waren, den Handel mit ihnen und ihren Verbrauch, also Produktion, Zirkulation und Konsum von Waren.

Rudolf Steiner sagt das auch; er sagt allerdings noch ein ganz klein bisschen mehr: nämlich, dass es das Wirtschaftsleben *nur* zu tun hat mit all dem, was Warenproduktion, Warenzirkulation und Warenkonsum ist (*Kernpunkte*, Seite 43). Wenn wir dieses kleine Wörtchen «nur» nicht überlesen, dann verwundert uns diese Definition Steiners, weil sie der gegenwärtigen Anschauung von Wirtschaft und der wirtschaftlichen Praxis zuwiderläuft. Gegenwärtig zählen wir doch zur Wirtschaft alles, was irgendwie mit materiellen Werten zu tun hat. Liegt hier vielleicht ein Missverständnis beim Begriff «Ware» vor? Steiner charakterisiert (*Kernpunkte,* Seite 49):

> *«Ich nenne Ware jede Sache, die durch menschliche Tätigkeit zu dem geworden ist, als das sie an irgend einem Orte, an den sie durch den Menschen gebracht wird, ihrem Verbrauch zugeführt wird.»*

Hier müssen wir wohl hinzufügen, was das Bürgerliche Gesetzbuch unter «Sachen» versteht (BGB § 90):

«Sachen im Sinne des Gesetzes sind nur körperliche Gegenstände.»

Es geht also bei Steiner im Wirtschaftsleben wirklich nur um Waren. Nun stellen wir dieser Steinerschen Definition eine andere Feststellung gegenüber:

«Leute für sich arbeiten zu lassen ist eine käufliche Handelsware, ebenso wie Zucker oder Kaffee ... dafür bezahle ich mehr als für alles andere unter der Sonne.»

John Percy Davison Rockefeller, 1839-1937,
Gründer der Standard Oil Company

Ein größerer Gegensatz ist kaum denkbar. Für Steiner ist die Entstehung das Charakteristikum für die Ware, für Rockefeller ihre Käuflichkeit.

Im Laufe der Neuzeit, besonders im Zuge der Entwicklung des Kapitalismus und des Industrialismus hat sich das Wirtschaftsleben immer breiter gemacht. Es entwickelte einen beinahe unwiderstehlichen Sog und zog alle Gebiete des Lebens in sich hinein – wie eine Windhose, die übers Land rast. Und alles, was es in sich hineinzog, nahm dadurch Warencharakter an, wurde zur Ware *und wurde käuflich.* Auch die allgemeine Meinung verfiel diesem Sog und es bedarf eines entschiedenen Denkprozesses, zu erkennen, dass dadurch *Unordnung* und *Unheil* im Wirtschaftsleben entsteht. Wir müssen erkennen, dass nicht alles käuflich sein *darf.*

Die Situation kann man sich am besten an Extremfällen klar machen. Betrachten wir den Sklaven. Nach Rockefeller kann ein Mensch sehr wohl ganz oder teilweise eine Ware sein, die Tatsache des Kaufpreises beweist es, auch heute noch. Unser *Gefühl* rebelliert dagegen, aber es hat dem Rockefellerschen *Denken* gegenüber zunächst wenig Kraft. Erst die Steinersche Definition von Ware schließt eindeutig aus, dass ein Mensch Warencharakter haben könnte; er ist keine Sache, die durch menschliche Tätigkeit zu dem geworden ist, als das sie an irgend einem Orte ihrem Verbrauch zugeführt wird. Unser Gefühl kann aufatmen: Es gibt etwas, das wir gefühlsmäßig ablehnen, und zwar nicht deshalb, weil es nicht schön ist, *sondern weil es falsch ist.* Manchem Sklaven erging es nach seiner Freilassung schlechter als vorher – und doch ist Sklaverei falsch.

Ist man durch den Extremfall der Sklaverei aufmerksam geworden, entdeckt man, dass es im Wirtschaftsleben noch mehr gibt, was wie eine Ware behandelt und gehandelt wird, obwohl es *keine Ware sein darf.*

Hier ist zu nennen *Grund und Boden.* Weder wurde er von Menschen gemacht, noch wurde er irgendwohin gebracht, noch wird er dort verbraucht. Grund und Boden – nicht Torf oder Sand, Kies oder Kohle usw. – war ursprünglich in allen Kulturen Allgemeingut; wo immer er Eigentum wurde, also eine Ware, begann die Dekadenz der betreffenden Kultur.

Ein anderes Beispiel sind *Rechte.* Auch sie werden heute wie Waren gehandelt: wenn ein Fußballverein einem anderen eine «Ablösesumme» zahlt, dann erkauft er sich damit das *Recht,* dass ein bestimmter Fußballstar nur für den zahlenden Verein kicken darf. Auch hier rebelliert unser Empfinden, aber mangels klarer Gedanken finden sich eben alle mit solchen Tatsachen ab. Was soll auch ein Gefühl ausrichten gegen ein kaltschnäuziges «Warum denn nicht?».

Die beiden Beispiele sollen nur zeigen, dass ein gesundes Wirtschaftsleben im doppelten Sinne in seinen Grenzen gehalten werden muss. Die eine Grenze stellt die Natur dar: in Alaska *kann* man keine Ananas züchten, im Flachland *kann* man keine Arnika anbauen, in der Sahara *kann* man kein Wasserkraftwerk errichten.

Die andere Grenze muss die Kultur, das Rechtsleben setzen: in Landschaftsschutzgebieten *darf* nicht gebaut werden, in Krisengebiete *dürfen* keine Waffen geliefert werden, ungereinigte Abwässer *dürfen* nicht in die Flüsse eingeleitet werden.

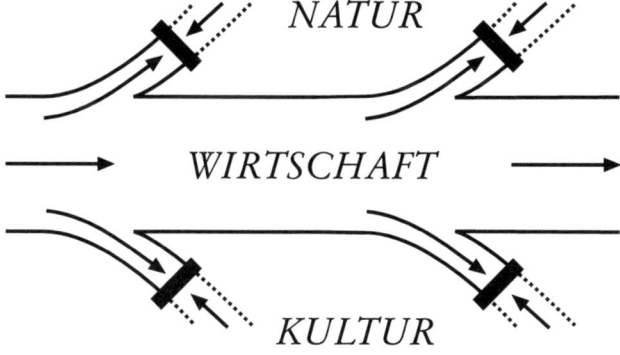

69

Die Wirtschaft weitet sich ungehemmt aus, wo sie nicht eingegrenzt wird. Und die Grenzen müssen in Zukunft noch sehr viel mehr Schutz bieten vor der Habgier der Wirtschaft, die im rockefellerschen Sinne ramboartig daherkommt teils trampelnd, teils schleichend. Oft wird von den «Selbstreinigungskräften» der Wirtschaft geredet. Das ist eine Phrase, die man nicht mehr nachreden wird, wenn man einmal begriffen hat, dass die Wirtschaft von sich aus gar nicht anders kann als das Bestreben zu entwickeln, immerfort auszuufern.

Einen anderen Gesichtspunkt möchte ich noch erwähnen, der besonders bedenkenswert ist, wenn sich die sogenannten Tarifparteien wieder einmal nicht einig sind.

In einer gesunden und vor allem wirklich sozialen Wirtschaft sollten nicht nur äußerliche Grenzen durch Rechtsvorschriften gesetzt werden, sondern es müssen auch innere Veränderungen in den Verantwortungsstrukturen vorgenommen werden: nicht alle Produktions- und Preisentscheidungen dürfen den Unternehmern allein überlassen bleiben, gegen die dann die Arbeitnehmer (oder ihre Gewerkschaften) angehen. Diese Zweikämpfe sind seit langem schon nicht mehr zeitgemäß.

Arbeitgeber und Arbeitnehmer müssen über kurz oder lang begreifen, dass sie im Grunde gar keine Gegensätze sind, denn sie bilden miteinander die Produktionsseite, und beide zusammen stellen nur ein Drittel der am Wirtschaftsleben Beteiligten und dafür Verantwortlichen dar neben den Händlern und den Konsumenten. Vertreter von Produktion, Zirkulation und Konsum müssen sich in allen Sparten zusammenfinden zu *Assoziationen*, und sie müssen in *sachlicher, brüderlicher* Weise beraten und entscheiden: Entspricht die Produktion in einer Sparte noch oder schon den Bedürfnissen? Müssen Arbeitskapazitäten in andere Bereiche umgelenkt werden? Müssen Arbeitszeiten verkürzt oder verlängert werden? Muss vielleicht eine Branche gestützt werden, die gerade wenig Gewinn abwirft, weil das volkswirtschaftlich segensreicher ist als ihre Drosselung oder gar Stillegung?

Solche und endlos viele andere Fragen könnten sinnvoller bearbeitet werden, wenn nicht die ewigen Hahnenkämpfe der «Tarifpartner», die ja Tarif-Gegner sind, alle Aufmerksamkeit und Energie auf

sich ziehen würden. Es gibt keinen anderen Ausweg aus dem Teufels-
kreis der Preis-Lohn-Spirale! Erst in ganz kleinen Ansätzen gibt es
solche Assoziationen, aber immerhin: es gibt sie.

Zum Schluss sei versucht, in ähnlicher Weise wie bei der Schule
(vergleiche Seite 43) das Zusammenspiel der drei Gebiete des sozialen Organismus auch für einen Wirtschaftsbetrieb zu skizzieren. Gehen wir wieder von den drei sich überschneidenden und durchdrin-
genden Ausbuchtungen der drei Systeme des sozialen Organismus
aus, dann können wir in derjenigen des Wirtschaftslebens den «Betrieb im engeren Sinne» sehen (analog zur «Schule im engeren Sinne»
in der Ausbuchtung des Geisteslebens). In dieser Ausbuchtung kommen die Natursubstanzen oder Halbfertigwaren, die im Betrieb verarbeitet und bearbeitet werden, aus dem allgemeinen Wirtschaftsleben an, die Produkte des Betriebes gehen nach dem Durchlaufen des
Betriebes von hier aus hinaus ins übrige Wirtschaftsleben. Es wird
hier also vornehmlich um den ersten der drei Produktionsfaktoren
gehen, die *Naturgrundlage* oder die Rohstoffe bzw. Ressourcen.

Der zweite Produktionsfaktor ist die *Arbeit*. Sie kommt in vertrag-
lich mehr oder weniger geregelter Weise aus dem Gebiet des Rechtslebens, denn Angestellte und Arbeiter sind Menschen, die als Ver-
tragspartner in den Betrieb eintreten. Durch ihre Arbeitsfähigkeit
entstehen die Waren und entsteht die Wertvermehrung.

Der dritte Produktionsfaktor ist das *Kapital*. Kapital entsteht nicht
durch Fleiß und nicht durch Sparsamkeit. Das Wort kommt vom
lateinischen *caput* = Kopf. Kapital entsteht dadurch, dass in Form
von Erfindungen, neuen Produktionsmethoden und verbesserten
Arbeitsorganisationen ständig Kopfkräfte in den Wirtschaftsbereich
einfließen: Intelligenz, Geist. Sparsamkeit ist wichtig als Prinzip der
Aufwandsbeschränkung bei Material und Arbeitsaufwand. In bezug
auf Wertansammlung entspricht sie aber dem Addieren. Kapi-
talbildung ist demgegenüber ein Vervielfachen.

So wie Innovationen aus dem Geistesleben stammen, so muss auch
das Kapital, das den Betrieben zufließt, aus dem Geistesleben kommen; anders ausgedrückt: das Geistesleben muss als der Bereich er-
kannt werden, dem die Kapitalverwaltung legitim zusteht, es ist nicht
das Wirtschaftsleben und auch nicht das Rechtsleben. Auch hier also
gilt es, zunächst klare Gedanken zu fassen, damit immer mehr Menschen das geistig Richtige nicht nur interessant und hübsch finden,

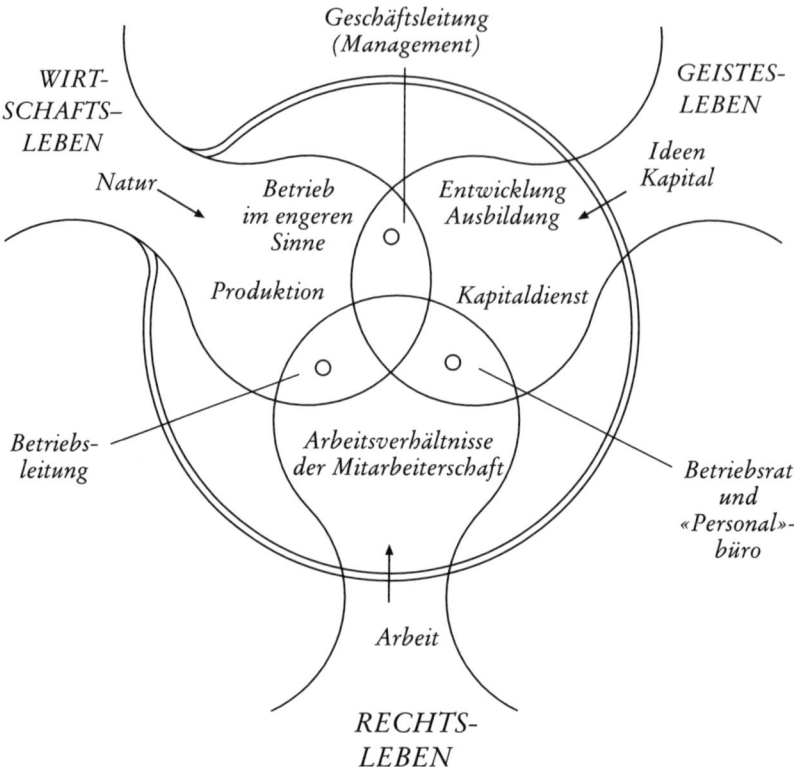

sondern auch auf seine Verwirklichung immer mehr Willenskräfte richten.

Betrachten wir die Ausbuchtung des Geisteslebens, dann wird in dieses Feld neben der Kapitaldienstseite auch die betriebliche Entwicklung gehören, sofern der Betrieb eine solche betreibt, und es wird die Ausbildung der Mitarbeiter hier angesiedelt sein müssen, von den Lehrwerkstätten bis zu Fortbildungskursen.

Die «Linsenflächen» könnten bedeuten: Zwischen Finanz- und Entwicklungsbereich einerseits, «Betrieb im engeren Sinne» andererseits: das Betriebsmanagement; zwischen dem «Betrieb im engeren

Sinne» und dem Bereich von Arbeit und Mitarbeiterschaft: die Betriebsleitung; im dritten Feld schließlich so etwas wie eine Vereinigung von Betriebsrat und Personalbüro. Auch dies muss dann aber ein echtes Arbeitsgremium sein, keine Arena für Verteilungs-Streitigkeiten.

Nun gibt es unter den Produktionsbetrieben solche, bei denen die «Stoffseite» ein Übergewicht hat, andere, bei denen die «Arbeitsseite» und wieder andere, bei denen die «Kapitalseite» vorherrscht. Zur ersten Gruppe gehören Land- und Forstwirtschaft und Grundstoffindustrien wie Sand- und Steinbrüche, Gruben, Zechen und Minen. Zur zweiten Gruppe gehören alle «lohnintensiven» Betriebe: Gärtnereien, Handwerksbetriebe, Manufakturen, feinmechanische Betriebe wie Uhrenfabriken usw., und zur dritten Gruppe die «kapitalintensiven» Betriebe: Automobilfabriken, Werften, Papierfabriken, die Großchemie usw.

Jeder Produktionsbetrieb wird wohl schwerpunktsmäßig ein wenig anders liegen.

Wie ist es aber nun, wenn einer der drei Produktionsfaktoren ganz fehlt? Wenn zum Beispiel die Stoffseite fehlt? Gibt es das überhaupt?

Nun besteht eigentlich bei allen, auch den anthroposophischen Sozialkundlern Übereinstimmung mit der herrschenden Lehre der Nationalökonomen dahingehend, dass zu den zu produzierenden Gütern auch die Dienstleistungen gehören. – Zum Vergleich sei noch einmal Rudolf Steiner zitiert (*Die Kernpunkte, Seite 43*):

«Es ist wesentlich für die Erkenntnis der Glieder des sozialen Organismus, dass man weiß, welcher Unterschied besteht zwischen dem System des öffentlichen Rechtes, das es nur zu tun haben kann aus menschlichen Untergründen heraus mit dem Verhältnis von Mensch zu Mensch, und dem Wirtschaftssystem, das es *nur*» – (bei Steiner hervorgehoben) – «zu tun hat mit Warenproduktion, Warenzirkulation, Warenkonsum.»

Hier liegt also ein Widerspruch vor; offensichtlich herrscht noch Forschungsbedarf. Das Steinersche Zitat geht folgendermaßen weiter:

«Man muss dieses im Leben empfindend unterscheiden, damit sich als Folge dieser Empfindung das Wirtschafts- von dem

73

Rechtsleben scheidet, wie im menschlichen natürlichen Organismus die Tätigkeit der Lunge zur Verarbeitung der äußeren Luft sich abscheidet von den Vorgängen im Nerven-Sinnesleben.»

Dass Rudolf Steiner gerade hier, wo er die Trennungslinie zwischen Wirtschafts- und Rechtsleben als zukünftige Notwendigkeit hervorhebt, das Wörtchen *nur* so betont, schließt eigentlich aus, dass er die Dienstleistungen vergessen hat. Zweifellos werden mit Dienstleistungen Bedürfnisse befriedigt. Zweifellos haben Dienstleistungen ihren Wert - doch damit sind sie noch lange keine Waren. Wir müssen wohl zur Kenntnis nehmen, dass es das Wirtschaftsleben *immer* auch mit *Substanzen* zu tun hat. Wo das nicht der Fall ist, handelt es sich um Erscheinungen des Rechtslebens oder des Geisteslebens.

Da, wo das Rechtsleben in eine Einrichtung des Wirtschaftslebens hineinreicht, handelt es sich um die innerbetrieblichen Arbeitsverhältnisse. Tritt das Rechtsleben nicht ganz in den Betrieb ein, ist aber in seiner Tätigkeit auf den Betrieb gerichtet: dann handelt es sich um Dienstleistungen. Sie sollen Verhältnisse oder Abläufe *in richtiger Weise* ermöglichen, aber es werden dabei keine Waren erzeugt, gehandelt oder verbraucht. Die Tätigkeitsrichtung kann sich auch auf Einzelpersonen richten.

Umgekehrtes kann man auch beobachten: sowohl ein Betrieb als auch ein Einzelner kann bestimmte Tätigkeiten aus seinem Organisationsbereich bzw. aus seinem Leben ausgliedern – es entstehen dann die Dienstleistungen (so sind sie historisch im Zuge der Arbeitsteilung sogar entstanden): der Einzelne geht zum Haarschneider, der Betrieb gibt die Wartung seiner Produktionsanlagen in andere Hände («Kundendienst»). Die Zusammenarbeit beruht dann, wie überall im Rechtsleben, auf Verträgen zwischen Vertragspartnern.

Ganz Entsprechendes spielt sich auch im dritten Bereich ab. Sowohl in Gestalt von Krediten wie von Entwicklung oder Ausbildungsinhalten fließt dem Betrieb aus dem Geistesleben Produktivitätskraft zu. Und auch hier kann ein Betrieb Auslagerungen vornehmen, indem er «auswärts» planen oder entwickeln lässt, Betriebsangehörige auf externe Lehrgänge schickt, sich in Finanzfragen von Bankinstituten beraten lässt. Wieder haben wir es dann mit Dienstleistungen zu tun.

Wenn Rudolf Steiner immer wieder betont, man müsse im Leben

empfindend unterscheiden zwischen den drei Bereichen des sozialen Organismus, dann kann das natürlich nicht heißen, dass man die Unterscheidungen nicht auch sollte *denken* können. Jedenfalls sind wir Menschen heute doch so veranlagt, dass wir unsere Empfindungen auch *klar* bekommen möchten.

Was hier über die Dienstleistungen gesagt ist, kann nur eine Anregung sein. Beim Durchdenken der Sache möge man auch auf seine Empfindungen achten. Ein Beispiel:

Aus dem Fenster unseres Eisenbahnabteils sehen wir einen Güterzug mit Tankwagen, Kühlwagen, Kesselwagen, mit Langholz, Baggern, Autos, Containern, Kabelrollen, Gasrohren, Vieh – ; wir blicken auf einen kleinen Ausschnitt der gewaltigen Warenströme, die ununterbrochen über das Land ziehen, Tag und Nacht, kreuz und quer. Güter der Schwerindustrie, der Maschinenindustrie, der Forstwirtschaft, der Lebensmittelindustrie, Zeugnis von unendlichem Fleiß und großem Können, Ausdruck von Produktion hier und Bedarf dort, von ruhiger, geordneter Emsigkeit.

Nun sitzen wir selber auch in einem Zug. Auch wir werden von einem Bahnhof auf demselben Schienennetz zum Zielbahnhof gefahren. Wie empfinden wir uns dabei: als Stückgut? Als Ware? Als Objekt des großen Güterstromes? Vielleicht denken wir zurück an die Kriegsjahre, als endlos Güterzüge über Land fuhren mit Soldaten, mit Kriegsgefangenen. Diese Menschen wurden transportiert wie Vieh, waren-ähnlich. Als Reisende empfinden wir uns anders, nämlich als Fahrgäste, so wie wir auch angesprochen werden. Und wenn wir wie transportiertes Stückgut behandelt werden, dann rebelliert unser Empfinden.

Es scheint doch so zu sein, dass ein Unternehmen wie die Bahn eben nur teilweise im Wirtschaftsleben steht und teilweise außerhalb desselben. – Ich meine, aus den Steinerschen Darlegungen geht hervor:

- Im Wirtschaftsleben handelt es sich um Substanzen, die zu *Waren* wurden;
- Im Geistesleben spielt sich *Schöpfung* ab; hier spielt sich geistige Produktion ab, Schöpfung durch Können und Wissen und Phantasie;
- Im Rechtsleben handelt es sich darum, dass *Ordnung* hergestellt und erhalten wird.

Und alle Bereiche durchdringen sich ständig und überall.

75

Gedanken zum Rechtsleben

Das Rechtsleben ist das Gebiet, «das es nur zu tun haben kann aus menschlichen Untergründen heraus mit dem Verhältnis von Mensch zu Mensch» (R. Steiner, *Die Kernpunkte,* Seite 43). Wir haben an verschiedenen Stellen schon gesehen, dass dieses Gebiet den täglichen richtigen, geordneten Umgang miteinander in Umgangsformen und Sitten betrifft, nicht nur die Regelung in Konfliktsfällen, und dass es keinesfalls gleichzusetzen ist mit der Summe kodifizierter Rechtssätze. Diese sind vielmehr nur auskristallisierte «End-Fassungen» von zur Ruhe gekommenen Prozessen, die sich im Bewusstsein der Menschen immerzu abspielen – mal über Jahrhunderte hinweg beinahe ohne Veränderungen, mal außerordentlich dynamisch wie im Augenblick.

Im persönlichen Bereich sind heute große Bewusstseinsveränderungen im Gange:

Das «Verlöbnis» ist eigentlich gestorben; es wird nur noch aus praktischen Gründen da beibehalten, wo eine Hochzeit in ganz großem Stil gefeiert werden soll oder muss; einen Sinn sieht man nur noch im Praktischen.

Das «Aufgebot» ist in Deutschland bereits verschwunden.

Die Ehe: Immer mehr Menschen sehen nicht nur im Ehesakrament, sondern in der Ehe selbst als einer zeitlich mit dem Erdenleben zusammenfallenden Lebensgemeinschaft keinen Sinn mehr. Auch hier spielen andere Gesichtspunkte die entscheidende Rolle: etwa die Ankunft eines Kindes oder womöglich steuerliche Gesichtspunkte. Wo die Ehe wegbricht, entstehen neue ungeregelte Situationen, denen sich unser Denken stellen muss: Fragen der Haftung, Hinterbliebenenrechte, Erbrechtliche Fragen, Steuerfragen, Auseinandersetzungen bei Beendigung der Gemeinsamkeit usf.

Die Ausdehnung des «Ehestandes» auf Menschen gleichen Geschlechtes – eine merkwürdige, gedanklich schwer fassbare Vermischung des Begriffes Ehe mit dem bisher juristisch nicht existenten Begriff «Freundschaft».

Das Lebens*recht* – sowohl bei der Abtreibung als auch bei unheilbar Kranken.

Das «eingeforderte Recht» auf einen Kindergartenplatz für alle.

Die Frage der Mündigkeit: sowohl Wahlmündigkeit als auch Strafmündigkeit. Wie steht die Gesellschaft zu jugendlichen oder gar kindlichen Gewaltverbrechern?

Die Frage des Eigentums an Organen von Verstorbenen bzw. Sterbenden?

Man könnte beinahe beliebig fortfahren, offene Rechtsfragen auf-zuzählen.

Es werden auch Handlungen neu als Straftatbestände empfunden und teilweise sogar auch so formuliert und geahndet:

Umweltverschmutzung,

Gesundheitsgefährdung (durch Radioaktivität, CO_2-Ausstoß, Chemische (Über-)Düngung, Chemische Behandlung von Fasern, Holzschutzmittel und anderes).

Gen-Manipulationen – ein heiß umstrittenes, rechtlich noch weit-gehend ungeklärtes Feld.

Auch im internationalen Umgang werden durch die enormen techni-schen Möglichkeiten neue Rechtsbegriffe nötig:

Überfischung der Ozeane,

Produktion von «Elektro-Smog»,

Verklappung von Giften,

Gefährdung der Erde durch Raumfahrt-Müll,

Eigentum an Rohstoffen des Meeresgrundes (z.B. Manganknollen) u.a.

Wir sehen, wie das menschliche Bewusstsein an immer neuen Stellen den veränderten Verhältnissen hinterherhinkt; altes Bewusstsein, alte «gute» Rechtsbräuche verlieren ihren Sinn, brechen ab wie Eisschollen vom Festlandgletscher. Neue Fakten werden geschaffen, adäquate Rechtsbegriffe, die die Wirtschaft eingrenzen und neue Ethik begründen, fehlen.

Es gibt auch Rückfälle in alte Formen und Gedanken, wo man den Gegenwartsforderungen nicht gerecht wird: im Westen etwa die Todesstrafe, im islamischen Raum die Scharia.

Die Praxis des Rechtslebens – Legislative, Jurisdiktion, Exekutive, also Gesetzgebung, Rechtsprechung und Verwaltung – sind in ihrer Dreiheit nicht überholt. Erneuert werden müssen Rechtsempfinden und Rechtsdenken.

Nun soll uns ein spezielles Rechtsproblem näher beschäftigen, von dessen Lösung in der Zukunft sehr viel abhängen wird.

Gewöhnlich herrscht unreflektiert bei den meisten Menschen die Meinung vor, der Mensch arbeite, um leben zu können. Oder genauer: um leben zu können, müsse man eben arbeiten. Im selben Maß, in dem die Berufe den «Jobs» weichen, verankert sich diese Meinung als Gefühl immer stärker.

Betrachten wir die Arbeit näher.

Selbstverständlich haben wir Menschen alle möglichen Bedürfnisse, die wir befriedigen müssen. Das gelingt dem Menschen, der in einem Rechtsstaat lebt und der sich an dessen Rechtsnormen hält – also nicht etwa von Mundraub lebt – dadurch, dass er sich die benötigten Waren kauft, das heißt gegen Geld eintauscht. Das Geld erhält er gewöhnlich als *Gegenleistung* für seine Arbeit. Es wird die Gleichung aufgestellt: Arbeit = Geld, oder auch, weil die Arbeit in der Zeit verläuft: Zeit = Geld («Time is money»).

Nun ist es aber so, dass der Mensch seine elementaren und seine höheren Bedürfnisse nicht nur dann hat, wenn er arbeitet und diese Bedürfnisse von seinem Arbeitsentgelt bezahlen kann. *Er hat sie eben, weil er ein lebender Mensch ist.* Man kann natürlich sagen, für Krankheitszeit, Urlaub und Alter müsse jeder vorsorgen. Damit träfe man aber das eigentliche Problem gar nicht. Denken wir an die Kinder, besonders an die Waisen, an Jugendliche in der Ausbildung, an arbeitsunfähige Invaliden, Frührentner, an Flüchtlinge und vor allem an die Arbeitslosen – alle haben sie Bedürfnisse und benötigen also irgend ein Einkommen.

Nimmt man in seine Betrachtungen noch alle jene Menschen auf, die zwar tätig sind, deren Tun aber keine Wertbildung im Sinne von Warenproduktion und -zirkulation bewirkt (wie Hausfrauen, Polizei, Militär, Häftlinge, Tippelbrüder etwa), dann hat man vielleicht 75 %

der Bevölkerung, wahrscheinlich noch mehr. Dass Arbeit = Geld ist, dass man wertebildende Arbeit leisten muss, um vom Entgelt leben zu können, gilt mit anderen Worten also nur für eine Minderheit. Dieses «Gesetz» ist die Ausnahme. Ausnahmen bestätigen die Regel. Die Regel kann also nicht heißen, dass man arbeiten muss, um leben zu können.

Die Regel kann nur besagen, dass Arbeit und Entgelt ihrem Wesen nach gar nicht zusammengehören! Sie haben überhaupt nur insofern etwas miteinander zu tun, als sie beide mit dem Menschen verknüpft sind. Sie beide einander gleichzusetzen ist ein Denkfehler.

Nehmen wir ein Beispiel aus einem anderen Gebiet.

Alle Menschen kennen von klein auf die Erfahrung, weil sie ständig mit ihrer Körperlichkeit umgehen, dass Materie – alle materiellen Stoffe – unter anderem zwei verschiedene Eigenschaften hat.

Die eine Eigenschaft ist das *Gewicht*, die Schwere: das Bestreben zu fallen, sich in Richtung auf den Erdmittelpunkt hin zu beschleunigen. Wird die Materie daran gehindert, dann drückt sie auf die hindernde Unterlage. Dabei drücken gleiche Volumina verschiedener Stoffe verschieden stark, die Stoffe sind spezifisch verschieden schwer: Aluminium drückt etwa zehn mal so stark wie Kork, Blei etwa 45 mal, Gold über 70 mal so stark wie Kork. Aber alle Stoffe sind schwer, drücken.

Die andere der beiden Eigenschaften ist ihre *Masse*eigenschaft, die Stoffe sind träge. So nennt man ja das Bestreben, einen einmal eingenommenen Bewegungszustand beizubehalten. Die Stoffe, die in Ruhe sind, widersetzen sich unserem Bestreben, sie in Bewegung zu versetzen; die in Bewegung befindlichen Stoffe widersetzen sich, wenn wir sie festhalten und zur Ruhe bringen wollen. Immer sind die Stoffe «dagegen»: soll es schneller gehen, soll es langsamer gehen, soll die Richtung geändert werden – immer widersetzen sie sich. Grässlich! Man kann das empfinden wie ein «Nein!»-Sagen schlechthin. Man kann es aber auch ganz anders sehen und sagen: Träge zu sein ist Ausdruck der Treue der Stoffe zu ihrer Bewegung im Raum, Treue zu ihrem Weg. Im Begriff «Trägheit» klingt das weniger deutlich an als im Begriff «Beharrungsvermögen»; wir werden dabei erinnert an den Ausdruck «Beharrlichkeit», der ja eine positive Charaktereigenschaft, ja Tugend beschreibt.

Nun wissen wir, dass die Trägheit eines Materiestückes umso größer ist, je schwerer dieses ist. Und da wir ebenso *Kraft* dazu benötigen, um ein Stück Materie zu halten, wie um es wegzustoßen, könnte man sagen, dass es sich bei Gewicht und Masse doch eigentlich um dieselbe Erscheinung handeln müsse.

Das kann man natürlich sagen – aber leider ist es falsch.

Genauer formuliert: Gewicht und Masse gleichzusetzen entspringt und entspricht einem «kleinbürgerlichen» Denken. Der *Weltbürger* muss weiter denken. Aus den Physikern sind Weltbürger geworden, und wir sollten ebenfalls Weltbürger sein und wir sollten es da werden, wo wir es noch nicht sind.

Die Eigenschaften Gewicht und Masse haben miteinander nämlich nur deshalb etwas zu tun, weil sich Materie hier auf der Erde befindet und zwar an einer jeweils ganz bestimmten Stelle. Befände sich ein Stück Kork nicht hier in meiner Hand, sondern oben auf dem Dach oder in einem Flugzeug hoch darüber oder gar im Weltraum, dann wäre es leichter oder viel leichter als hier in meiner Hand oder es wäre beinahe *schwerelos*. Aber – und das ist wesentlich – er ist immer genau so träge wie hier und jetzt.

Um ein Stück Kork also zu halten, brauche ich immer weniger Kraft, je weiter ich mich mit ihm vom Erdmittelpunkt entferne. Um es wegzustoßen, zu beschleunigen, also in einen anderen Bewegungszustand zu versetzen, brauche ich aber immer dieselbe Kraft, auch wenn ich noch so hoch oder sogar im Weltraum bin.

Und weil das so ist, müssen wir die Begriffe Gewicht und Masse genau auseinanderhalten. Gleichsetzen darf sie nur das Kind oder der, der in sein Weltbild weder Tiefe noch Höhe einbezieht, der also weder Tiefgang hat noch den Höhenflug kennt, eben der «Kleinbürger».

Nun müssen wir uns noch eines klar machen: Dass Gewicht und Masse etwas verschiedenes sind, das war immer so. Dass Menschen das aber *denken* können, das ist erst etwa viereinhalb Jahrhunderte her. Und dass Menschen es fertig bringen, Materie von der Erde fort in den Weltraum zu schleudern, ja sogar menschliche Leiber in den Weltraum zu befördern und dabei aus dem Schwerefeld der Erde allmählich auftauchen zu lassen in einen Zustand, für den der Körper des Menschen gar nicht geschaffen ist – das ist erst seit 37 Jahren, also etwa seit einem halben Menschenleben so! (Mondlandung: 1961).

Und nun zurück zu der Arbeitsfähigkeit des Menschen und seinen Bedürfnissen, Dass der Mensch Bedürfnisse hat und deshalb ein Einkommen haben muss, das ist eine Eigenschaft, die er hier auf der Erde und nur hier hat. Dass der Mensch lernen und arbeiten will und kann, das ist eine Eigenschaft, die in seinem *Wesen* begründet ist, die er auf die Erde mitbringt, wenn er geboren wird. Er kommt auf die Erde «nacked und bloß», wie es im Oberuferer Paradeisspiel heißt, und er lässt alle seine irdischen Güter wie seine Bedürfnisse hier auf der Erde zurück, wenn er stirbt. Seine Arbeitsfähigkeit aber, seinen Lern- und Arbeitswillen, die bringt er mit auf die Erde und die nimmt er im Tode wieder mit. Das Wesentliche am Menschen ist nicht der Umfang seiner Bedürfnisse, sondern das Wesentliche an ihm sind sein Lern- und Arbeitswille.

So wie ein Stück Materie *schwer* wird und *Gewicht annimmt*, wenn es aus dem Weltraum kommend auf die Erde fällt, so bekommt der Mensch *Bedürfnisse*, wenn er sich inkarniert und zeitweilig mit einem irdischen Leib umgibt. Diese Bedürfnisse sind verschieden groß, wie die spezifischen Gewichte der Stoffe verschieden groß sind. Aber sie sind nicht das Wesentliche; das *Wesentliche* sind *Lern- und Arbeitsvermögen* seiner Entelechie, wie das Wesentliche der Materie ihre *Masse* ist, ihre Beharrlichkeit.

Es bleibt zu hoffen, dass es nicht wieder viereinhalb Jahrhunderte dauert, bis auch diese Erkenntnis «gesicherter Stand der Wissenschaft» ist.

Nun kann man so eine Ansicht als «idealistisch» ansehen und man meint damit, sie sei das Hirngespinst von weltfremden Spinnern. Sie ist auch tatsächlich fremd in einer Welt, die das falsche Gesetz aufgestellt hat: Arbeit = Geld, die seit Jahrhunderten dieses falsche Gesetz anhimmelt und die unsere Erde schon beinahe ganz zugrunde gerichtet hat – nicht zuletzt mit dieser Formel.

Befreien wir uns von dem zwanghaften Gedanken dieser unseligen Gleichsetzung von geleisteter menschlicher Arbeit und *dafür* erhaltenem Geldwert, dann können wir plötzlich wieder frei atmen! Die Vorstellung, die für viele vor allem jüngere Menschen geradezu neurotische Züge annehmen kann, man sei ein Versager, wenn man seine Arbeitskraft nicht für ein Optimum «verkauft», diese Vorstellung, die sich so oft zwischen Mensch und Aufgabe schiebt und einem gedeihlichen Zusammenarbeiten dann bis zur Unüberwindbarkeit im Wege stehen kann - die fällt dann von einem ab. Man kann dann auch gedanklich zu der Tatsache stehen, die man ja an jedem Kind beobachten kann: zu lernen und zu arbeiten ist ein elementares menschliches Wollen. Es zu tun ist ein Bedürfnis, es zu können ist eine Freude. Es ist keine saure Pflicht, für die man, wenn man sich ihr unterzieht, eine «Entschädigung» verdient hat.

Werdet wie die Kinder!

Allerdings: wie *gesunde* Kinder. Jeder Arzt, jeder Erzieher weiß: wenn ein Kind nicht lernen, spielen und arbeiten kann, dann liegt eine schwere Schädigung vor.

Die Gesellschaften der modernen Industriestaaten, die glauben und ihre Kinder glauben machen wollen, menschliche Arbeit könne mit Geldwert aufgerechnet werden, die sind ebenso *schwer krank*. Das Denken dieser Menschen ist völlig korrumpiert, *verdorben*. Das Wirtschaftsleben hat uns zu Krämerseelen verbogen, die nur noch auf materielle Werte fixiert sind und die es mit sich geschehen lassen, dass auch das Großartigste, was wir Menschen haben: nämlich lernen und arbeiten zu können, auf die Ebene von austauschbaren Waren gezerrt wird.

Durch diese sachlich falsche Ankettung des menschlichen Arbeitsvermögens an den *Warenbegriff* tritt etwas Tragisches auf: im Laufe ihrer Jugend *vergessen* die meisten Menschen, dass sie mit ganz speziellen Zielen auf die Welt gekommen sind, dass sie sich etwas vorgenommen haben, dass sie an ganz bestimmten Aufgaben arbeiten wollen, und zwar mit anderen Menschen zusammen. Muss man sich dann eigentlich noch wundern, wenn immer stärker die tief empfundene Frage auftritt: warum lebe ich eigentlich?

So sehen wir wirklich verheerende Wirkungen ausgehen von diesem einen falschen Gedanken, dass Arbeit gleich Geld, menschliche Arbeit gleich käuflicher Ware sei.

Während sich die vielen Bestrebungen von Greenpeace, Robin Wood, World Wildlife Fund, BUND (Bund für Umwelt und Naturschutz in Deutschland) usw. in dankenswerter Weise darauf richten, das Leben auf der Erde rein biologisch zu erhalten, ist eigentlich noch eine ganz andere Dimension eines geweiteten Rechtsdenkens nötig, um nicht nur die Natur, sondern den Menschen aus der Umklammerung einer über ihre Kompetenzen tretenden Wirtschaft und deren Denken zu befreien. Das Leben der Menschen soll biologisch fortbestehen können, aber es soll sich auch spirituell richtig vollziehen können. Die Menschen sollen nicht nur aus ihren Emotionen heraus leben, sondern sie sollen sich an ihre vorgeburtlich gefassten

Ziele erinnern können, sie sollen sich entwickeln können, und das nicht nur in Richtung auf materielle Werte.

Es ist jetzt etwas ganz ähnliches fällig im Rechtswesen wie um das Jahr 200 nach Christi Geburt. Damals, zur Zeit der Soldatenkaiser, in der das Römische Reich von inneren Wirren geschüttelt wurde, fügte ein Rechtsgelehrter dem Römischen Recht einen neuen Rechtssatz ein. Der Mann war ein profunder Kenner des Rechtes, das er in über 100 Büchern niedergelegt und kommentiert hat. Aber sein bedeutendstes Werk war, dass er dem Recht den Gesichtspunkt des *Verzeihens* eingefügt hat – es ist eigentlich der einzige christliche Rechtsgrundsatz auch in unserem Bürgerlichen Gesetzbuch von 1900!

Das Faktum – mit den Worten des Juristen:

Ein Mensch begeht eine Handlung, die einen anderen schädigt und die daher ein Recht auf Genugtuung oder Entschädigung begründet. Wenn nun der Geschädigte dem Täter *verzeiht*, dann begibt er sich des Rechts auf Entschädigung und kann eine solche auch später nicht mehr einklagen. – Was aber bedeutet das eigentlich?

Durch sein Verzeihen hat der Großmütige unter die Vergangenheit einen Strich gezogen. Das Gesetz nimmt ihn nun beim Wort, sollte er wankelmütig werden, und macht Ernst mit der veränderten Blickrichtung nach vorn. Die Vergangenheit kann nun die Zukunft nicht mehr belasten. Das wird besonders klar in der Gegenüberstellung zum alttestamentlichen «Auge um Auge, Zahn um Zahn», womit jeder Angehörige der Menschengemeinschaft verpflichtet wird, die Zukunft von der Vergangenheit her zu bestimmen.

Wie viel friedlicher ginge es auf der Welt zu, wenn es das Verzeihen auch in der Politik häufiger gäbe anstatt Hass und Rache, Nicht-Vergessen-Können und vor allem Nicht-Vergessen-Wollen, wenn die Menschen stärker den Mut dazu fänden, aus dem Schatten der Vergangenheit herauszutreten!

Der Rechtsgelehrte war Domitius Ulpianus (um 170-228) aus Tyros in Phönizien, Erzieher und Vormund des Kaisers Alexander Severus. Er muss Christ gewesen sein. Vielleicht konnte er sich nicht offen dazu bekennen in seiner Stellung, 100 Jahre vor der Duldung des Christentums durch Kaiser Konstantin (306-337). Durch sein Tun erwies er sich aber als echter Tatchrist, dessen Wirkung weit in die Zukunft reichte.

Was jetzt ansteht, sind neue *christliche* Einschläge im Recht. Es ist eminent christlich, den Menschen als ein geistbegabtes Wesen ernst zu nehmen, das nicht teil-versklavt werden darf durch die Verkäuflichkeit seiner Arbeitskraft. Das Recht muss sich hier schützend vor die Menschen stellen.

Denken wir noch einmal zurück an die so weit verbreitete Ansicht, Dienstleistungen gehörten selbstverständlich immer ins Wirtschaftsleben, dann können wir ahnen, wie weit der Weg noch ist, bis hier das der Bewusstseinsseele entsprechende Denken sich durchgesetzt haben wird – und wie dringend nötig es ist, dass in den Schulen daran gearbeitet wird; in den Waldorfschulen, denn wo sonst?

Das Rechtsleben muss das Wirtschaftsleben einzäunen, der Mensch muss geschützt werden, aber ebenso muss auch die Kreatur geschützt werden. Auch hier *wildert* der vom Wirtschaftsleben korrumpierte Mensch und betrachtet alle Geschöpfe als mehr oder weniger vogelfreie, potentielle Güter. Wieviele Jahrhunderte wird es wohl noch dauern, bis auch das Tier juristisch nicht mehr als «Sache» angesehen wird, sondern als «Bruder Tier»?

Versuchen wir, zurückkommend auf die Schule und die Struktur ihrer Selbstverwaltung, die Signatur für den Schulträger zu finden. Er versteht sich als der «Rechts- und Wirtschaftsträger» der Schule. Indem wir ihn näher betrachten, blicken wir auf die Schule mit den Augen der Eltern, während wir bei der Betrachtung der Selbstverwaltung – Seite 43 – mit den Augen der Lehrer schauten.

Wieder sehen wir, dass die drei Bereiche des sozialen Organismus sich durchdringen und ein kleines soziales Gebilde zustandebringen. Es ist ein eingetragener Verein, also eine «juristische Person», das heißt eine Institution des Rechtslebens. Die Vereinsmitglieder haben sich zusammengeschlossen, um der Freien Waldorfschule am Kräherwald einen festen Platz auch im gesellschaftlichen Leben zu geben. Das ist der «Zweck» des Vereins. Mitglieder dieses Vereins sind die Eltern der Schulkinder, die Lehrer, die Mitarbeiter der Schule, sofern sie das wollen. Darüber hinaus Menschen, die an der Existenz der Schule Interesse haben, auch ohne eigene Kinder in der Schule zu haben: das können ehemalige Eltern sein, ehemalige Schüler oder andere Freunde der Schule. Diese Mitgliederschaft bildet eine Gruppierung des Rechtslebens. Ein Zusammentreten erfolgt bei der jährlichen Mitgliederversammlung. Im übrigen entfaltet sich kein

«Vereinsleben», denn die Zusammenkünfte erfolgen in der Schule im Zusammenhang der Klassen, bei den Schulfesten, den jährlichen Weihnachtsspielen und bei anderen Veranstaltungen. Lediglich außerordentliche Mitgliederversammlungen werden gelegentlich einberufen, wenn die Verhältnisse dies erfordern.

VEREIN EINER FREIEN SCHULE
(als Schulträger)

WIRT-
SCHAFTS–
LEBEN

Schule als
*wirtschaftliche
Einheit (Büro,
Hausmeist., Küche,
Werkstätten,
Gärtnerei)*

F

Schule als
*geistige Einheit
(Elternabende,
Schulveranstal-
tungen)*

GEISTES-
LEBEN

G   V   ER

Verein
*im engeren Sinne
(Mitglieder-
versammlung)*

RECHTS-
LEBEN

*V: Vorstand, F: Finanzkommision («Einnahmenkommission»),
G: Gehaltskommission («Ausgabenkommission»), ER: Elternrat
(bzw. Elternvertrauenskreis bzw. Eltern-Lehrer-Rat)*

Betrachten wir in unserer Signatur die beiden anderen Ausstülpungen: die, die aus dem Geistesleben kommt ist die Schule als «geistige Einheit», die, die aus dem Wirtschaftsleben kommt ist die Schule als «wirtschaftliche Einheit». Das ist sie natürlich vorwiegend als Konsument von Wasser, Elektrischer Energie, Gas, Heizöl, Putz- und Pflegemitteln als kurzfristigen, Mobiliar zum Beispiel als längerfristigen Verbrauchsgütern. Auch die Werkstätten produzieren keine Waren, die in den Wirtschaftskreislauf einfließen, sondern sie verarbeiten Fertig- oder Halbfertigwaren wie Bretter, Glasscheiben, Leim, Kitt, Farben für den Eigenbedarf als Endverbraucher. Ebenso sind die Materialien für den Unterricht – Kreiden, Papier, Ton, Holz, Wolle usw. reine Verbrauchsgüter. Lediglich die Erzeugnisse der Eltern-Bastelgruppen, die beim Adventsbazar verkauft werden, erfüllen in gewisser Weise Produktionskriterien.

Die Überlagerung der drei Ausstülpungen im Zentrum stellt den Vorstand einschließlich der Geschäftsführung dar. In den drei «Linsen» bzw. ihren äußeren dreiseitigen Teilen kann man die Finanzkommission (zwischen Schule als geistiger Einheit und Schule als wirtschaftlicher Einheit) sowie die «Gehaltskommission» (zwischen Wirtschaftseinheit und Verein im engeren Sinne) erkennen.

«Finanzkommission und «Gehaltskommission» sind Bezeichnungen der Kräherwaldschule; an anderen Schulen gelten vielleicht andere Bezeichnungen. Hauptaufgabe der Finanzkommission müsste es sein, für die Einnahmen zu sorgen, die zur Aufrechterhaltung des Schulbetriebes nötig sind. Hauptaufgabe der «Gehaltskommission» müsste es sein, die finanziellen Ausgaben nach den Möglichkeiten der Finanzlage festzulegen – natürlich nicht nur die Höhe der Gehälter, einer eventuellen Weihnachtszulage usw.

Selbstverständlich können beide Kommissionen nicht vollständig voneinander abgeschottet arbeiten; ihre gegenseitige Abhängigkeit wird im Vorstand ausgeglichen und durch den Geschäftsführer, der natürlich beiden Kommissionen angehört.

Betrachtet man die Abbildung, könnte man die Finanzkommission besser «Einnahmenkommission», die Gehaltskommission besser «Ausgabenkommission» nennen. Gegenwärtig würden diese Namen allerdings nicht exakt zutreffen, weil in beiden Kommissionen Einnahme- und Ausgabe-Vorgänge abgewickelt werden.

Beide Kommissionen können auch federführend sein für vorübergehende Arbeitskreise (also z.B. ein «Bauspendenkreis» auf der Einnahmenseite, ein «Baukreis» auf der Ausgabenseite.)

Zwischen dem «Verein im engeren Sinne» und der «Schule als geistiger Einheit» steht der Elternrat, der Eltern-Lehrer-Rat, der Elternvertrauenskreis oder wie man die Gruppe der besonders aktiven Eltern auch immer nennt. Sie steht in besonderem, auch beratendem Austausch mit der Lehrerschaft.

Auch für den Schulträger gilt, was für die Schule als geistiger Einheit gilt: er kann so oder auch anders strukturiert sein. Immer aber wird, wenn man funktionsrichtige Formen sucht, das Ineinanderwirken der drei Bereiche des sozialen Gesamtorganismus zu berücksichtigen sein, weil es eben einfach stattfindet, ob wir es nun wahrnehmen oder nicht.

Mitarbeit der Eltern
in einer freien Schule

Kommen Eltern neu an die Schule, werden sie immer ausdrücklich zur Mitarbeit aufgefordert. Darauf reagieren die einen eher ängstlich, andere dagegen freudig aktiviert. Oft aber kommt es früher oder später zu Enttäuschungen. Die Eltern sind bereit, ihre großen Lebens- und Berufserfahrungen einzubringen und am Schulorganismus mitzugestalten. Diese Bereitschaft aber scheint in vielen Fällen gar nicht erwünscht zu sein. Es kommt zu Frustrationen bis hin zu Resignationen.

Es erhebt sich die Frage: in welchen Bereichen ist eine Schule auf die Mitarbeit der Eltern dringend angewiesen, wo und wann aber muss das Lehrerkollegium seine Entscheidungen alleine fällen? Nur klare Gedanken und Unterscheidungen können helfen, die genannten Verstimmungen zu vermeiden, durch die wertvolle, kostbare Kräfte gelähmt werden.

Schaut man zunächst ganz pragmatisch in das Leben der Schule hinein, so sieht man, wie Eltern in ganz verschiedener Art tätig sind: beim Mitplanen und Ausführen von Neubauten und beim Umbauen oder Renovieren, sogar beim Reinigen, in der Neugestaltung eines Schulgeländes, in Vorbereitungen für einen Geschenkmarkt und beim Verkauf, in der Schulküche oder beim Beschaffen notwendiger Materialien. Das sind nur einige wenige Beispiele. Es kann einem sofort ins Auge springen, welches «Kapital» da zur Verfügung steht. Das Einbeziehen des immensen Potentials an Erfahrungen und an Können aus dem Bereich des Wirtschaftslebens mit allen unternehmerischen Qualitäten kann zu einem Schatz für eine Schule werden.

Weiterhin gibt es Eltern, die ein großes Können mitbringen auf dem Gebiet gesellschaftlicher Anliegen. Dazu gehören Fragen des politischen Lebens, der Verhandlungen zum Beispiel mit Behörden, der Entfaltung und Führung sozialer Prozesse. Man kann auch denken an das Pflegen nachbarlicher Kontakte oder an Hilfen beim Lösen von zwischenmenschlichen Spannungen. An vielen Schulen gibt es «Ombutsmänner» (oder -frauen) aus der Elternschaft, die, zum Teil mit Lehrern gemeinsam, solche Aufgaben des Ausgleichens übernehmen.

Diese Beispiele zeigen das Wirken im zwischenmenschlichen Bereich als dem des Rechtslebens.

Wo erscheint die Elternmitarbeit auf dem Gebiet des Geisteslebens? Erst jetzt kommen wir zum eigentlichen Ausgangspunkt der Frage.

Jedes fruchtbare, verantwortungsvolle Tun ist nur möglich, wenn man das Ziel des Handelns vor Augen hat. Das aber heißt im pädagogischen Bereich: Ob ein Bau entstehen soll oder ein neues Gesetz erkämpft werden muss – immer entsteht die Frage: wie muss das gestaltet sein, damit es der Idee der Erziehung entspricht? Allen Schulen, die aus der Pädagogik Rudolf Steiners heraus arbeiten, liegt eine umfassende Menschenkunde zugrunde, das heißt die Einsicht in große, allgemein-menschliche Entwicklungsgesetzmäßigkeiten. An ihnen sollte sich alles Tun ausrichten, insbesondere natürlich das direkt pädagogische. Für ein indivlduelles, phantasievolles Gestalten bleibt dabei ein großer Freiraum.

Ohne den gesamten Entwicklungsbereich zu überschauen, kann man ihm im einzelnen nicht wirklich gerecht werden. Wie also können sich Eltern diese menschenkundlichen Einsichten erwerben, die wie Wegweiser sind auf den verschiedenen Gebieten? Manche Eltern kommen bereits mit Vorkenntnissen an die Schule. Sie sind erworben durch die reiche Literatur oder durch verschiedenste Informationen, zum Beispiel aus dem Kindergarten oder vom Kinderarzt, die die Schulwahl bestimmten. Es wurde ihnen bereits in den ersten Jahren des Kindes ein hohes Maß an pädagogischer Führung abverlangt. Kindergarten und Schule veranstalten regelmäßig Elternabende, in denen menschenkundliche Fragen im Mittelpunkt stehen. Sie sind allerdings hauptsächlich bezogen auf die jeweilige Altersstufe.

Durch allgemeine Elternabende, Vorträge und sogenannte Pädagogische Wochenenden kann sich das Kennenlernen sehr erweitern. Besonders wichtig ist das Mitüben im künstlerischen und praktischen Bereich; es bildet sich dabei so etwas wie eine am eigenen Leibe erlebte Erfahrung. Als sehr fruchtbar und vertiefend haben sich laufende Eternseminare erwiesen. Durch einleitende, darstellende Referate und ein anschließendes Gespräch kann es zu einem lebhaften Gedanken- und Erfahrungsaustausch kommen. Dabei ist es wichtig und sehr bereichernd, wenn Eltern von Kindern ganz verschiedener Altersstufen berichten. Was für den einen schon durchlebte Vergangenheit ist, wird Zukunftsaspekt für den anderen. Es kommt zu einer Zusammenschau der gesamten «Pädagogischen Provinz»! Es hat sich immer wieder als eine große Hilfe erwiesen, auf eine altersentsprechende Krise vorbereitet zu werden. Ist sie bereits da, kann man – enttäuscht – falsch reagieren. Durch verständnisvolles Vorbereiten fälliger Entwicklungsumbrüche lässt sich manche Härte vermeiden. Man lernt ein Kind objektiver zu beurteilen.

So wird auch eine gute Zusammenarbeit von häuslicher und schulischer Erziehung gefördert. Beide Seiten ziehen dann zum Wohle des Kindes «an einem Strang». Wie schwer wird es für ein Kind, wenn beide sich widersprechen! Besteht aber Übereinstimmung aus Erkenntnis heraus, kann erfahrungsgemäß bei auftretenden Schwierigkeiten des Kindes in ganz erstaunlicher Weise geholfen werden.

Weiterhin braucht jede Klasse die innere und äußere Begleitung der Eltern. Gegenseitige Hilfen in Familien sind oft notwendig. Kommt es zum Beispiel zu Konflikten unter den Kindern oder mit einem Lehrer, so können diese nur im gegenseitigen Verstehen und Vertrauen beigelegt werden. Außerdem ist es wichtig zur Bildung einer Klassengemeinschaft, dass die Eltern bei den verschiedensten Veranstaltungen helfend mitwirken. Es ergeben sich Berührungspunkte zwischen Schule und Elternhaus, zum Beispiel die Frage: wie könnte auf einer bestimmten Altersstufe ein Kindergeburtstag, später eine «Party», gefeiert werden? – Wieder ist hier nur Einzelnes aus einem großen Lebenskomplex herausgegriffen.

Darüber hinaus gibt es Aufgaben und Probleme der Schule als Ganzes. Sie können einen mehr internen Charakter haben – oder auch von außen veranlasst sein durch gesellschaftliche und schulpolitische Veränderungen. Damit befasst sich außer dem Vorstand und der Lehrerkonferenz auch der Eltern-Lehrer-Rat, in dem Elternvertreter für eine längere Zeit verbindlich mitarbeiten. Da kann es sich etwa handeln um den «freien Samstag», um die Anzahl der Jahre bis zum Abitur, um die Veränderung des Mündigkeitsalters mit allen

Konsequenzen, auch z.B. um Kritik an der Schulführung. Problemlösungen können sich auch hier nur aus menschenkundlich fundierter Praxis ergeben.

Der Aufgabenkreis erweitert sich über die Einzelschule hinaus: besondere Gremien von Elternvertretern, Lehrern und Fachleuten befassen sich mit den Situationen in den Bundesländern (den Trägern der Kulturhoheit), in der Bundesrepublik und auf internationaler Ebene. Hauptsächlich sind es Gremien des Bundes der Freien Waldorfschulen.

Man sieht: das pädagogische Anliegen, wurzelnd im Geistesleben, wächst immer stärker hinein in das Rechtsleben und in das Wirtschaftsleben. Letzteres betrifft allerdings im wesentlichen die einzelne Schule, da jede wirtschaftlich selbständig ist. Natürlich gibt es Absprachen und Hilfeleistungen unter den Schulen.

Obwohl diese Darstellung überhaupt keinen Anspruch auf Vollständigkeit erhebt, im Gegenteil eher exemplarisch zu verstehen ist, wird doch wohl ein Eindruck vermittelt von der Vielfalt der Möglichkeiten, mitzuarbeiten an der stets neuen Verwirklichung des Wesens einer Schule.

Wo aber muss ein Kollegium seine Arbeit im internen Rahmen leisten und letztendlich allein seine Entscheidungen fällen, wenn auch beraten und unterstützt durch Eltern?

Für den einzelnen Lehrer betrifft das vor allem die methodische Behandlung des Unterrichtsstoffes und die Didaktik, beides wurzelnd in der Menschenkunde. Er muss die volle Verantwortung übernehmen für alles, was im Unterricht oder den mit dem Unterricht zusammenhängenden Vorgängen geschieht.

Auch für das Lehrerkollegium insgesamt sind es zunächst methodisch-didaktische Fragen, wie sie in der «Pädagogischen Konferenz» behandelt werden (Weiterbildung der Lehrerschaft; Aufbau des Schuljahres, d.h. Planung, Gestaltung, rückblickende Betrachtung der Schularbeit, der Feste und Feiern; Wahrnehmung einzelner Schüler, Schülergruppen, Klassen und evtl. Jahrgänge hinsichtlich ihrer Besonderheiten, ihrer Bedürfnisse und ihrer Leistungen; verändernde Gestaltungen im pädagogischen Konzept der Schule, Stunden- und Epochenpläne u.a.m.).

Sodann sind es Fragen des – richtigen – menschlichen Miteinanders, also Rechtsfragen, wie sie in der «Internen Konferenz» behandelt werden. (Verteilung der Lehraufträge, Schüleraufnahme; Berufung und Entbindung von Lehrkräften – der Schulverein als «Arbeitgeber» führt dann die entsprechenden Anstellungen und Entlassungen durch –; zeitweilige Freistellungen von Lehrern u.a.m.).

Schließlich gibt es aber auch noch wirtschaftlich-technische Fragen, hauptsächlich natürlich Bedarfsfragen, die das Kollegium zu verantworten und daher zu entscheiden hat: etwa die Wahl der Lehr- und der Lernmittel, eventuell die Auswahl des Mobiliars oder die Ausgestaltung einer Schulbühne.

Wenn das Kollegium in Fällen wie den genannten auch die letzte Entscheidungsbefugnis haben muss, schließt das vorherige Beratungen mit Eltern aber nicht aus, wo solche sinnvoll sind.

Wenn aus der Kenntnis der Schulstruktur heraus Kompetenzbereiche abgeklärt werden, so kann das eine Hilfe sein, die genannten Enttäuschungen zu vermeiden. Sie wurzeln ja im Gefühlsleben, das aber ins Bewusstsein erhoben werden kann. Aus Gefühlen heraus mögen Lehrer den Tatwillen von Eltern als «Einmischungsversuch» empfinden, andererseits Eltern die Lehrer als «auf hohem Ross sitzend» und «Machtpositionen» einnehmend und verteidigend. Beides ist keineswegs in der Sache begründet. Dabei spielt, wie überall in menschlichen Beziehungen, das *Wie* des Umgangs miteinander eine entscheidende Rolle. Ein Mensch, der bestrebt ist, an sich selbst zu arbeiten und persönliche Ambitionen zu überwinden, um einer objektiven Aufgabe zu dienen, kann ganz anders wirken als ein anderer, bei dem Ehrgeiz, Selbstverwirklichungsdrang oder gar Machtgefühle im Untergrund das Seelische motivieren.

Diese Betrachtungen aber führen zu einem anderen Thema: Welcher Art ist das Seelisch-Geistige, das einen Organismus impulsiert?

Letztlich geht es da um die innere Schulung des einzelnen, in einem größeren Organismus mitarbeitenden Menschen, gehöre er nun zu den Lehrern oder zu den Eltern. Auf solche Fragen einzugehen würde, wie im Vorwort aufgeführt, die Aufgabenstellung dieser Schrift überschreiten.

Sozialer und natürlicher Organismus – und wie sie sich entsprechen

Wenn Rudolf Steiner den sozialen Organismus vergleicht mit dem natürlichen Organismus des Menschen, dann muss es eine Zuordnung der jeweils drei Systeme geben.

Unmittelbar einleuchten kann es, dass das Rechtsleben dem rhythmischen System entspricht. Im prüfenden Abwägen der Gesichtspunkte, die für oder gegen eine Meinung sprechen, äußert sich dasselbe Hin- und Herschwingen, das wir auch in unserem Blut- und Atemsystem haben; im regulierenden und ordnenden Führen des gesellschaftlichen Zusammenlebens wirkt dieselbe Gesundungskraft wie in unserem mittleren Leibessystem. Immer wieder fangen beide Systeme extreme Situationen auf und wirken im großen wie im kleinen harmonisierend und gesundend.

Schwieriger ist es, die beiden anderen Gebiete einander paarweise zuzuordnen. Es ist naheliegend, das Wirtschaftsleben dem Stoffwechselsystem zu assoziieren – in beiden wird am Stoff gearbeitet – und das Geistesleben dem Kopfsystem.

Blickt man auf das funktionelle Zusammenwirken der Systeme im sozialen und im natürlichen Organismus, dann treten andere Gesetzmäßigkeiten in den Vordergrund. Während die Organarbeit beim Stoffwechsel im natürlichen Organismus mit der Zerkleinerung der aufgenommenen Nahrungssubstanzen und einer Auflösung beginnt, führt sie weiter zu einer Stoffverwandlung und zu Aufbau und Erhalt des ganzen Organismus. Es werden zwar auch verbrauchte Stoffe wieder ausgeschieden und abgestoßen; das Wesentliche am Stoffwechsel ist aber doch, dass die Stoffe nicht eigentlich verbraucht werden, sondern dem Organismus eingegliedert werden. Die im lebendigen Organismus wirkenden Kräfte heben die Substanzen fortwährend aus ihrer Stofflichkeit heraus; sie werden aus dem Bereich von Physik und Chemie in denjenigen der biologischen, d.h. der ätherischen Kräfte gehoben – wie die Blüten der Seerose ragen sie aus dem See des Substantiellen etwas heraus. Erst beim Tode des Organismus verfallen die Substanzen wieder der Schwere, den Gesetzen von Physik und Chemie, bis sie im Stoffwechselprozess der Gesamterde ganz allmählich wieder aufgehen.

Wenn im Wirtschaftsleben Erdsubstanzen aus ihrem Zusammenhang gelöst werden, um zu Handelsgütern verarbeitet zu werden, spielen die ätherischen Kräfte lediglich bei den Lebensmitteln eine Rolle. Bei den anderen Gütern sind es gerade die vorwiegend stofflich-materiellen Eigenschaften, um deretwillen die Natursubstanzen in den Wirtschaftskreislauf hereingeholt und zu Gütern verarbeitet werden. Bei dieser Verarbeitung setzt sich der Abbauprozess der Gewinnung mit der Abraumbildung fort über die Schlackenbildung, Spanbildung, Abfallbildung usw., bis schließlich nur noch die Verbrauchsgüter übrig sind, und die sind eben auch für den Verbrauch bestimmt. Bei der Be- und Verarbeitung wird Energie verbraucht und es werden andere Substanzen verbraucht. Wie ein untrügliches Merkmal für diesen Abbau und Verbrauch steht über allen Be- und Verarbeitungsprozessen der Begriff des *Wirkungsgrades*. Der kann verschieden groß sein, aber er ist stets kleiner als eins, das heißt, man muss immer mehr «hineinstecken», als man anschliessend «herausholen» kann. Dass es bei diesem ständigen Substanz- und Energieverbrauch überhaupt zu Wertsteigerungen kommen kann, liegt nur daran, dass in die Wirtschaftsprozesse ununterbrochen *geistige Kräfte* einfließen in Form von Können, Wissen und Phantasie und in Form von menschlicher Arbeit, (die eben keine Ware ist!).

Der Abbauvorgang der Substanzseite im Wirtschaftsleben – eigentlich müsste man sagen: der Raubbauvorgang – hat die Tendenz des Ausuferns und setzt sich bis in die Werbung hinein fort, in der auch unsere Sprache «abgebaut», zersplittert und zu wesenlosen Wort-Arrangements – Sätze sind das nicht mehr – zusammengesteckt wird. Nur einige Proben aus den Beilagen der Tageszeitung eines einzigen Tages:

«Sweats als Farbtupfer – Sweats werden durch die neuen Trendfarben jetzt zum lässigen Blickfang»,
oder

«Was verraten uns die Sterne? Wer weiß das schon? Nur eines ist sicher: Wäsche im Sternzeichenlook – ein wirklich himmlisches Geschenk»,
oder
«Inline Skates in trendiger Street-Optik, Doc Vashon», usw.

Wir begegnen solchen Beispielen täglich unzählige Male; wo ein geistiger Einschlag fehlt, und sei er noch so bescheiden, lebt man von der Substanz, zerhackt sie und «baut» «locker» irgend ein Gerede daraus auf, das völlig nichtssagend ist. Auch mit der Farbe und mit dem Ton wird so verfahren, bis in den Kunstbetrieb hinein dominieren die Usancen des Wirtschaftslebens.

Das Wirtschaftsleben zeigt auf der Substanzseite Abbau, Zerstörung. Von der Substanzseite her gesehen ist es ein Zuschussbetrieb, und insofern ist es geradezu das Gegenteil des Stoffwechselsystems im natürlichen Organismus.

Ein «Zuschussbetrieb» ist im natürlichen Organismus dagegen auch vorhanden: es ist das Nerven-Sinnes-System. Hier herrscht nicht Leben, sondern hier herrscht Abbau: wenn «Gevatter Tod» am Kopfende eines Kranken steht, ist es richtig und dieser wird genesen, wie es im Grimmschen Märchen vom Gevatter Tod heißt: hier gehört der Tod hin. Damit Nerven und Sinne richtig arbeiten können, müssen sie vom Stoffwechselsystem ernährt werden – genau so, wie im sozialen Organismus das Wirtschaftsleben nur existieren kann, wenn ein ständiger Zustrom außerirdischer Energie es immerzu belebt: physisch ist es die Sonnenenergie, ohne die die Erde nach spätestens drei Wochen tief vereist und restlos ohne Leben wäre, seelisch-geistig sind es die Kräfte des Geisteslebens, ohne die ein Wirtschaftsleben nur noch von der Substanz leben kann und nach ein bis zwei Generationen zusammenbricht.

So sehen wir die Zuordnung der drei Systeme des sozialen Organismus (außen) und des natürlichen Organismus (innen) sich wie folgt ergeben:

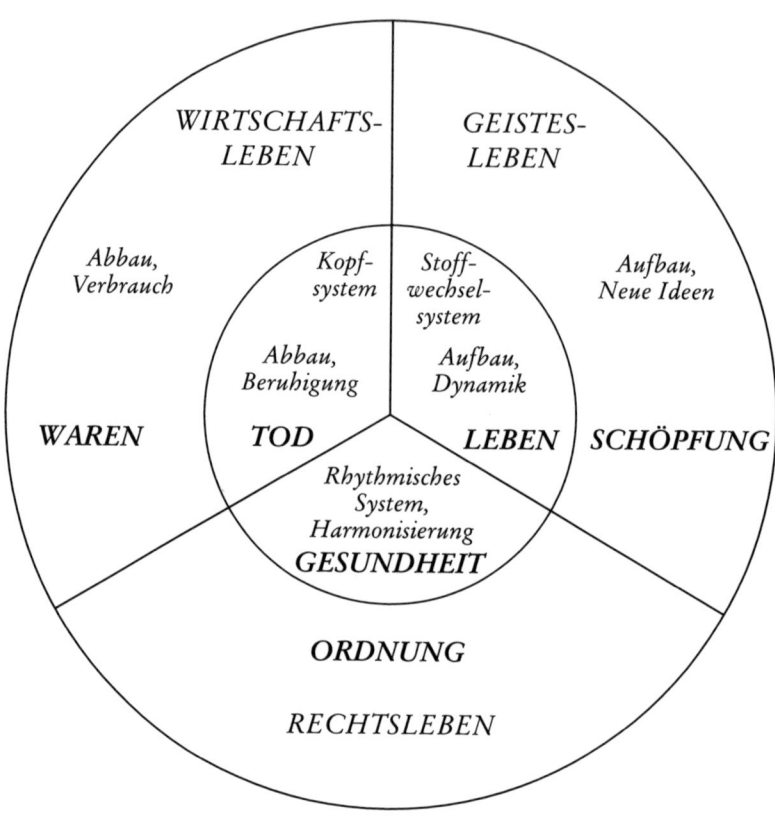

WIRTSCHAFTS-
LEBEN

GEISTES-
LEBEN

Abbau,
Verbrauch

Kopf-
system

Stoff-
wechsel-
system

Aufbau,
Neue Ideen

Abbau,
Beruhigung

Aufbau,
Dynamik

WAREN

TOD

LEBEN

SCHÖPFUNG

Rhythmisches
System,
Harmonisierung
GESUNDHEIT

ORDNUNG

RECHTSLEBEN

Zuordnung der drei Systeme des sozialen Organismus (außen)
und des natürlichen Organismus (innen)

Ein Nachtrag zu den Assoziationen

«Die Wirtschaftsorganisation wird Menschen mit gleichen Berufs- und Konsuminteressen oder mit in anderer Beziehung gleichen Bedürfnissen sich zu Genossenschaften zusammenschließen lassen, die im gegenseitigen Wechselverkehr die Gesamtwirtschaft zustande bringen. Diese Organisation wird sich auf assoziativer Grundlage und auf dem Verhältnis der Assoziationen aufbauen. Diese Assoziationen werden eine bloß wirtschaftliche Tätigkeit entfalten. Die Rechtsgrundlage, auf der sie arbeiten, kommt ihnen von der Rechtsorganisation zu.»

Rudolf Steiner, Die Kernpunkte der sozialen Frage (Seite 51)

Als «Arbeitsgrundlage» oder Anreiz im bürgerlichen Denken gilt noch immer der wirtschaftliche *Vorteil*, das heisst, der Egoismus des Einzelnen wird auf die wirtschaftlichen Werte gerichtet. Dadurch werden umgekehrt alle wirtschaftlichen Vorgänge unter dem Gesichtspunkt des Vorteils gesehen, nicht unter dem Gesichtspunkt der Notwendigkeit.

Nun spricht Steiner von einem *anderen Antrieb* für die Betätigung der individuellen Fähigkeiten. Dieser Antrieb wird in dem aus einem gesunden Geistesleben erfließenden *sozialen Verständnis* liegen müssen (*Kernpunkte,* Seite 66). Über diesen Begriff des sozialen Verständnisses lohnt es sich, lange nachzudenken. Er hat mehr Inhalt als etwa «Altruismus». Wer «soziales Verständnis» hat, steht über Egoismus und Altruismus, versteht beide Haltungen, weiß, dass beide nötig sind und kann daher im konkreten Fall für Ausgleich sorgen. Solche Ausgleiche sind dann mehr als Kompromisse. Wo ein Kompromiss mehr oder weniger das arithmetische Mittel aus *zwei* Standpunkten darstellt, bezieht ein soziales Verständnis das *weite Umfeld* des sozialen Organismus mit in seine Überlegungen und Entscheidungen ein.

Solches «Soziales Verständnis» muss die Grundhaltung sein, auf der die Arbeit in den Assoziationen aufbaut.

Zu dieser inneren Bedingung kommen allerdings noch äußere hinzu, die ebenfalls herbeigeführt werden müssen.

1. *Herauslösen des Grund und Bodens aus der Bodenspekulation, d.h. aus dem Privateigentum.*
Das darf aber nicht im kommunistischen Sinne geschehen, wobei dann das politische System die Verwaltung übernimmt. Die Bodenflächen sollen vielmehr tüchtigen Einzelnen übergeben werden, die sie dann so bearbeiten, *als seien sie ihr Eigentum*. Ein Vererben kommt auch nicht in Betracht: Nachfolger soll ein Tüchtiger werden.
Dasselbe muss gelten für die Unternehmen. Der Tüchtigste oder die Tüchtigsten sollen sie leiten, als seien sie Eigentümer.

2. *Eine Reform des Geldes.*
Geld steht für Waren, die man dafür kaufen kann. Nun haben aber alle Waren die Eigenschaften, zu altern und an Wert zu verlieren. Es ist daher nicht nur nötig, sondern absolut sinnvoll, dass auch das Geld einer gewissen Alterung unterworfen werden muss – und zwar einer *geführten*. Dadurch würde der Inflation entgegengewirkt, die ja nichts anderes ist als die Wirkung der Tatsache, dass man allem Geld die Eigenschaft zuschreibt, sich durch Zinseszins immerfort vermehren zu können.
Das kann sich bei einem Personalkredit ergeben, der einem tüchtigen Mann oder einer tüchtigen Frau gewährt wird, die mit diesem «Pfunde wuchern». Jeder wird das einsehen. Ebenso einsehbar ist aber auch, dass nicht alle Gelder immerfort Gewinne abwerfen, bei schlechter Geschäftsführung eines Einzelbetriebes zum Beispiel, ebenso aber auch bei falschem Vorgehen im volkswirtschaftlichen oder gar weltwirtschaftlichen Rahmen. Auch ohne menschliches Versagen wird es immer wieder zu «mageren Jahren» kommen, vor deren Auswirkungen sich der Kapitalbesitzer nicht allein hinwegschleichen darf.

3. *Der Übergang von Privateigentum in Allgemeineigentum ist rechtlich geregelt für geistige Leistungen:*
die geistige Leistung, die ein Mensch vollbracht hat, kann noch so groß sein, nach einer gewissen Zeit wird sie zum Allgemeingut: das Urheberrecht läuft aus, das Patent erlischt, die Komposition wird zum «Volkslied». Lediglich über die Dauer der Schutzrechte kann gestritten werden, die Richtigkeit ihrer zeitlichen Begrenzung ist unumstritten.

Was für die geistigen Leistungen in Kunst und Wissenschaft gilt, muss auch für solche in der Wirtschaft gelten. Durch sie erwirtschaftetes Kapital muss ebenso nach einer gewissen Zeit der Allgemeinheit gehören. Wenn es im persönlichen Eigentum bleibt und die Verfügbarkeit vererbt wird auf Nachkommen, die nur Nutznießer sind, deren persönliche Leistungen bestenfalls noch ein Verwalten des Reichtums darstellt, dann ist das für diese zwar persönlich angenehm, im großen sozialen Zusammenhang aber ist es kein gesunder, sondern ein Fäulnisprozess.

Es ist leicht einzusehen, dass solche äußeren Veränderungen auf erbitterten und entschiedenen Widerstand all derer stoßen, die wirtschaftliche Nachteile durch sie hätten. Deshalb ist es so wichtig, dass *soziales Verständnis* entwickelt und geübt und gepflegt wird:

«Die Erziehung, die Schule werden aus der Kraft des freien Geisteslebens heraus den Menschen mit Impulsen ausrüsten, die ihn dazu bringen, kraft dieses ihm innewohnenden Verständnisses das zu verwirklichen, wozu seine individuellen Fähigkeiten drängen.»

Rudolf Steiner, Die Kernpunkte der sozialen Frage (Seite 66)

Bibliographie

Die vorliegende Arbeit ist aus der Praxis entstanden und richtet sich an Menschen, die in der Praxis tätig sind. Sie ist keine Auseinandersetzung mit den verschiedenen Ausgestaltungen, die die Dreigliederung durch unterschiedliche «Schulen» erfahren hat. Es werden daher nur einige wenige Werke aufgeführt. Für ein umfassenderes Sachstudium sei verwiesen auf:

Dreigliederung des sozialen Organismus, Eine Bibliographie, Stuttgart 1993.

Bos, Lex: *Was ist Dreigliederung des sozialen Organismus?* 2. Aufl. Dornach 1992.

Leber, Stefan: *Selbstverwirklichung, Mündigkeit, Sozialität.* Eine Einführung in die Dreigliederung des sozialen Organismus, Stuttgart 1978.

ders.: *Die Sozialgestalt der Waldorfschule.* Stuttgart 2. Aufl. 1978, Neuausgabe 1991.

Leist, Manfred: *Eltern und Lehrer. Ihr Zusammenwirken in den sozialen Prozessen der Waldorfschule.* Stuttgart 1988

ders.: *Entwicklungen einer Schulgemeinschaft*, Die Waldorfschulen in Deutschland. Stuttgart 1998.

Lindenau, Christof: *Soziale Dreigliederung: Der Weg zu einer lernenden Gesellschaft.* Stuttgart 1983.

Niederhäuser, Hans Rudolf: *Freie Schulen aus freiem Geistesleben. Ideal und Erfahrung.* Stuttgart 1974.

Schmundt, Wilhelm: *Erkenntnisübungen zur Dreigliederung des sozialen Organismus.* Achberg 1982.

Stefan Leber

Die Sozialgestalt der Waldorfschule

*Ein Beitrag zu den sozialwissenschaftlichen
Anschauungen Rudolf Steiners.*

*Praxis Anthroposophie, Band 10
Aktualisierte Neuausgabe. 347 Seiten, kartoniert.*

Aus dem Inhalt:

1. Teil – Grundlegung: Dreigliederungsidee und Gründung der Waldorfschule / Freies Geistesleben und Freie Schule.
2. Teil – Die neue schulische Gestaltung / Die Umweltbeziehungen der Schule / Die «inneren Strukturen» der Schule / Die Elternschaft in der Schule / Die Schülerschaft.

Jede Waldorfschule wird aus Initiative von Menschen gegründet, die von der Notwendigkeit eines staatsunabhängigen Schulwesens und einer auf Menschenverständnis sich gründenden Pädagogik überzeugt ist.

In der grundlegenden Darstellung Stefan Lebers wird der Zusammenhang von pädagogischer Wurzel und anthroposophischer Sozialwissenschaft deutlich, aus dem die Sozialgestalt der Waldorfschule ihr Leben gewinnt.

Verlag Freies Geistesleben

Christof Lindenau

Soziale Dreigliederung:
Der Weg zu einer lernenden Gesellschaft

Ein Entwurf zum anthroposophischen Sozialimpuls.

183 Seiten, kartoniert.

Aus dem Inhalt:

Soziales Wachstum und seine Bedingungen / Eine Entdeckung Rudolf Steiners: Das Soziale Hauptgesetz / Die Gesetzmäßigkeit der sozialen Dreigliederung / Assoziatives, demokratisches und korporatives Gestalten der menschlichen Gesellschaft / Soziale Dreigliederung als Schulungs- und Arbeitsweise.

Das Buch Christof Lindenaus ist konkret, erfahrungsnah, begrifflich klar geschrieben. Eine Reihe von instruktiven Beispielen, die auf dem Boden der Idee der sozialen Dreigliederung übend «durchgespielt» werden, macht das Konzept einer «lernenden Gesellschaft» anschaulich. Es ist zugleich ein impulsierendes Buch, weil es genau den Ort und die Art und Weise beschreibt, wo und wie der Ansatz zur Begründung einer neuen Gesellschaft zu finden ist: durch den einzelnen Menschen selbst.

Verlag Freies Geistesleben

Manfred Leist

Entwicklungen einer Schulgemeinschaft

Die Waldorfschulen in Deutschland.
Erziehung vor dem Forum der Zeit
249 Seiten, kartoniert.

Aus dem Inhalt:

Der Bund der Freien Waldorfschulen. Entwicklungsschritte in der Zeitenfolge / Besondere Tätigkeitsfelder und Zusammenarbeit mit anderen Einrichtungen / Entwicklungsphasen der Elternmitwirkung in der deutschen Waldorfschulbewegung / Die Waldorfkindergärten / Dokumente.

Die engagierte Darstellung Manfred Leists lässt den Leser an den wichtigen Sozialprozessen der Waldorfschulbewegung in Deutschland teilnehmen. Welche Formen wurden im Bund der Freien Waldorfschulen für den Umgang miteinander entwickelt, damit geistige Kreativität und individuelle Mündigkeit gefördert wurden? Wie wirkte sich dies auf die Zusammenarbeit von Eltern und Lehrern aus? Hierzu gibt Manfred Leist Antwort und nimmt dabei auch die Zukunft in den Blick.

Verlag Freies Geistesleben